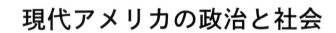
現代アメリカの政治と社会

現代アメリカの政治と社会（'24）

©2024　渡辺　靖

装丁デザイン：牧野剛士
本文デザイン：畑中　猛

s-85

まえがき

　アメリカ合衆国は日本やヨーロッパ諸国に比べると歴史は浅いですが，それでも約250年の歴史があり，そして世界最古の成文憲法に基づき民主主義を実践している国でもあります。また，日本の約25倍の面積を有し，地域的にもさまざまな特色があります。人口は日本の約2.7倍で，人種や民族，宗教ははるかに多様です。さらには貧富の差が激しいこともあり，貧困層と富裕層では歴史や社会の見え方が異なっている面もあります。政治的立場による違いも大きいです。

　加えて，アメリカの歴史や社会を語る側，つまり私自身も決して客観中立的な存在ではあり得ません。語る側の関心，趣向，経験，属性，立場などによっても「アメリカ」の切り取り方は変わってきます。日本から見える「アメリカ」と他国から見える「アメリカ」もかなり異なるでしょう。さらには，2020年代の時代状況や国際関係も「アメリカ」の見え方に影響を与えそうです。

　このように考えると，数学や物理のように「アメリカ」を客観中立的に語り，理解することは最初から放棄する必要がありそうです。むしろ多様な「アメリカ」の語り方や理解の仕方があることを大前提として，この講義の受講生の皆さんがそれぞれの「アメリカ」像を作り上げてゆくというのが現実的のように思われます。当然，受講生の皆さんの背景や関心，価値観，そして本講義の受講目的はさまざまですので，それらの「アメリカ」像も自ずとバラエティに富むものになるでしょう。

　本講義では私自身が今日のアメリカを理解するうえで重要と思われる点を中心に話を進めてゆきますが，あくまで多様な視点の一つと捉え，受講生の皆さん自身がそれぞれの「アメリカ」像を作り上げる際の参考

にしてもらえると幸いです。

　「今日のアメリカを理解する」という場合，私が想定しているのは，新聞やテレビ，ラジオ，インターネットなどを通して日々伝えられるアメリカに関するニュースをより深く理解できるようになることです。ニュースといってもさまざまですが，本講義では日本のメディアで一般向けに扱われることの多いテーマを想定しています。私自身の専門分野はアメリカの社会や政治ですが，それらが経済や文化，外交，安全保障と不可分に結びついていることも本講義を通して伝えることができればと思います。

　好むと好まざるに関わらず，日本にとって，アメリカはあまりに大きく，近く，そして重い他者です。アメリカはしばしば日本人が自己規定する際の「ものさし」でもありました。「アメリカ人は個人主義で，日本人は集団主義だ」というように，日本人論や日本文化論をつくり出すもとにもなってきました。開国の経緯に加え，戦争に負けて占領され，戦後の発展を支えられてきたわけですから，当然といえば当然です。しかし，いうまでもなく，歪んだ他者理解からは歪んだ自己理解や対外政策しか生まれてきません。本書では，よりフェアな他者理解＝自己理解に役立てていただくことを期し，アメリカ社会の諸相を描き出してみたいと思います。

　最後に，この印刷教材の作成にあたって編集を担当いただいた山下徹さん，また放送教材の製作をご担当いただいたプロデューサーの藤田英世さん，ディレクターの武谷裕二さんに心から御礼申し上げます。

2023年秋

主任講師　渡辺　靖

目次

●第1〜4章に掲載のアメリカ年表（図表1−8，2-11，3−7，4−6）は放送大学教材『アメリカの歴史と文化』（遠藤泰生）より一部表記を変更して転載。

1 アメリカ社会の運動律①
：建国期（18世紀）

《**目標＆ポイント**》 アメリカ合衆国が人類史における「実験国家」と称される所以を，独立から建国に至る経緯をもとに紐解く。
《**キーワード**》 独立戦争，共和制，合衆国憲法

1．独立戦争とは

（1） ５つの時期区分

　「まえがき」で述べたように本講義では現代アメリカにまつわる日々のニュースをより深く理解するための視座の提供を目的としています。それはアメリカ社会を動かしてきた力学ないしそのパターン，すなわち運動律とも言うべきもので，アメリカの制度や規範，あるいはそれらをめぐる論争や対立などとも密接に結びついています。その運動律を説明するために，便宜的に，アメリカの歴史を以下の５つの時期に大きく分けてみたいと思います。

①建国期（18世紀）
②南北戦争期（19世紀）
③リベラルの時代（20世紀前半〜中期）
④保守の時代（20世紀後半）
⑤現代（21世紀）

それぞれの時期，あるいは各時期を代表する出来事や人物だけでも一冊のテキストになりそうですが，本講義の趣旨に鑑みて，敢えてこの5つに区分することにします。そのうえで本講義はアメリカの歴史そのものを詳述するものではないので，あくまで「現代」に重点を置き，第5回目（第5章）以降で事象をより細かく考察してゆきます。最初の4回（第1章〜第4章）で「建国期」「南北戦争期」「リベラルの時代」「保守の時代」をそれぞれ扱ってゆきますが，それはあくまで「現代」を広い歴史的文脈の中に位置付け，より良く理解するためです。

（2）独立への道

早速，「建国期」を見てゆきます。

いわゆる七年戦争（1756〜63年）でイギリスはフランスから広大な北米大陸の領土を獲得しましたが，巨額の戦費を回収すべく，印紙の義務化など，北米にあった13植民地への課税を強化しました。植民地側は「代表なくして課税なし」と主張し，イギリス本国の要求のほとんどを拒否。「代表なくして課税なし」は名誉革命（1688〜89年）後のイギリスで重視されていた権利を象徴するスローガンでした。しかし，1773年，イギリスは経営難に陥っていた東インド会社に北米植民地における茶の専売特許を与える茶税法を制定しました。植民地側はこれに反発。同年末，マサチューセッツ植民地の急進

図表1-1　13植民地の地図

図表1-2　ボストン茶会事件

派が先住民に変装し，ボストン港に停泊中だった東インド会社の船を襲撃し，大量の茶箱を海中に投棄しました。港全体が巨大なポットのようになったことからのちに「ボストン茶会事件」と称されるようになりました。この出来事に激昂したイギリスがボストン港の閉鎖やマサチューセッツ植民地の自治権剥奪などの懲罰的措置を講じたところ，他の植民地もイギリスへの態度を硬化。翌1774年にジョージアを除く12植民地の代表がフィラデルフィアに集い，第1回大陸会議を開催し，イギリスに陳情書を送りました。

　しかし，陳情書は認められず，翌1775年にはボストン郊外で植民地の民兵とイギリス軍の間で武力衝突（レキシントン・コンコードの戦い）が起き，全面的な独立戦争へと発展しました。翌1776年7月4日に13植民地は独立を宣言し，1783年のパリ条約で正式に認められました。1787年にはフィラデルフィアで憲法制定会議が開かれ，約4か月間の議論の末，世界最古の成

図表1-3　独立宣言

図表1-4　合衆国憲法

文憲法とされるアメリカ合衆国憲法を制定。1788年に憲法の規定に基づく最初の大統領選挙が行われ，1789年，独立戦争で大陸軍の総司令官を務めたジョージ・ワシントンが初代大統領に選出。ワシントンの副大統領を務めたジョン・アダムズはのちに第2代大統領に，独立宣言の主たる起草者だったトマス・ジェファソンは第3代大統領に，合衆国憲法の中心的な起草者だったジェイムズ・マディソンは第4代大統領にそれぞれ就任することになります。

　独立戦争の指導者たち，独立宣言や憲法に署名した指導者たちは「建国の父」（ファウンディング・ファーザーズ）と称されます。明確なリストがあるわけではなく，数え方によっては数十名に及びます。しかし，第4代までの大統領4人に加えて，発明家や起業家としても名高いベンジャミン・フランクリン，カリブ海出身でアメリカの経済制度の基

図表1-5　ジョージ・ワシントンの就任式が行われたフェデラルホール
（注）現在の建物は1842年に再現して建てられた合衆国税関の建造物。現在は国定記念館になっている
※Hu Totya, CC BY-SA 3.0〈https://creativecommons.org/licenses/by-sa/3.0〉，ウィキメディア・コモンズ経由で

盤を築いた初代財務長官のアレグザンダー・ハミルトン，初代最高裁判
所長官を務めたジョン・ジェイの３人はその中核的存在と広く見なされ
ています。全員男性で（ハミルトン以外）名家の出身，ジェファソンや
マディソンのように奴隷労働を用いた広大なプランテーションの所有者
もいました。近年，政治的地位はなくとも社会的に貢献があった女性を
「建国の母」と称する向きもあります。

（3）独立派の世論工作

　もっとも，植民地の人びとが皆，初めから独立を望んでいたわけでは
ありません。独立派（愛国派，パトリオット）がいる一方で，イギリス
との関係が深かった層（イギリス国教会の聖職者，高級官僚，大地主，
大商人など）を中心にイギリスとの和解を求める王党派（ロイヤリス
ト）もいました。イギリスの強硬姿勢が続くなか，次第に独立派の声が
優勢になりましたが，独立派といっても武力行使をも辞さない急進派ば
かりではなく，あくまで強い自治権を求める穏健派も少なからずいまし
た。歴史家の一般的な見解として，当初，人口に占める独立派，王党
派，中立派の割合はおおむね３分の１ずつだったとされているので，本
来少数派だった急進派が，穏健派や中立派
を取り込み，王党派を追いやることで，
「戦争」という最も過激な選択を取るに
至ったわけです。その意味で，レキシント
ン・コンコードの戦いの後に発表された独
立宣言は，事実上，イギリスへの宣戦布告
を意味しました。

　文筆家トマス・ペインは，独立宣言の半
年ほど前，匿名で小冊子『コモンセンス』

図表1−6　『コモンセンス』

を発行し，イギリスの王政や世襲制を批判し，独立の必然性を訴えましたが，3か月間で12万部，最終的には50万部を売り上げました。当時の植民地の人口は約300万人だったのでまさに大ベストセラーとなり，独立へ向けた世論形成に大きな影響を与えました。また，ベンジャミン・フランクリンは独立戦争中，フランスの協力・参戦を求めて，外交代表として渡仏。パリの社交界を巧みに渡り歩きながら，アメリカ独立の正当性を説いて回りました。その素朴で上品な立ち振る舞いはフランスのサロンや宮廷を魅了し，独立戦争に対するフランス要人の認識を「内乱」から「国際戦争」へと移し替えることに成功しました。フランスはルイ16世の支持のもと，1778年に米仏同盟を締結し，対英宣戦布告を行うに至ります。独立派はこうした働きかけに長けていました。

2．共和制の大国

（1）三権分立

　しかし，イギリスから独立したとしても，その後，一体，どうするのか。この問いをめぐり議論は紛糾しました。とりあえず独立宣言を出した1776年の時点で13植民地が独立し「ステイト（state，州）」になることは決まっていました。翌年には現在の米国旗に通じる星条旗（当時は13の星と13本の赤白のラインで構成）も制定。独立戦争で勝利する頃には13の州が連合規約を結び，中央政府を樹立し，「ユナイテッド・ステイツ・オブ・アメリカ（United States of America）」という連合体（連邦）を形成することも決まっていました。

　問題は中央政府の位置付けです。あまり大きな権限を与えてしまうと次第に強権化し，州の自治を脅かしかねません。それでは何のためにイギリスから独立したのか分かりません。その一方で，中央政府の権限があまりに弱いと，通商や軍事の面でイギリスやフランスなどヨーロッパ

の列強との交渉が不利になってしまいます。そこで「建国の父」たちは古代ギリシアの民主政や古代ローマの共和政などを参考にしながら，連合体としての強みを活かしつつ，中央権力の腐敗や暴走を防ぐための解決策を作りました。

　特に注目されるのは3点です。

　まず1点目は，中央政府を3つの府，すなわち行政府（大統領府，ホワイトハウス），立法府（連邦議会），司法府（連邦最高裁判所）に分け，相互のチェック機能を設けることです。いわゆる三権分立です。日本では「アメリカ大統領」と聞くと「超大国のトップ」として絶大な権力を想像しがちです。確かに，大統領は大統領令（法律と同等の効力を持つ行政命令）や法案拒否権を発動できますが，議会や裁判所はそれを覆すことも可能です。日本の内閣のように議会解散権や法案提出権はなく，政府高官（閣僚や大使など）や裁判官の任命には議会（上院）の同意を要します。合衆国憲法を読むと，実際には，議会や裁判所にかなり手足を縛られていることが分かります。

（2）連邦制

　2点目は，州に大きな権限を与えることで，中央政府の権力を相対的に弱くすることです。各州は独自の憲法や軍隊を有し，税や選挙，教育，ライセンス（運転免許や職業免許）などに関しても大きな裁量権を持っています。近年，日本で議論されている道州制とは比較にならないほど地方分権化が進んでいます。日本では「国立」大学が存在しますが，アメリカでは陸軍士官学校（ウェストポイント）や海軍兵学校（アナポリス）など一部の特殊な大学を除き，「国立」の学校は存在しません。こうした高度の独立性を有する州が緩やかに連なった連邦国家がアメリカ合衆国です。

　ちなみに，アメリカの連邦議会では下院議員の数は各州の人口比によって議席配分されているのに対し，上院議員は人口の大小に関係なく各州に2名ずつ均等に配分されています。これは人口の小さな州の権利を重んじるための措置です。国連ではアメリカのような大国であっても，極めて小さな国であっても同じ主権国家としてそれぞれ一票を有していますが，基本的にはそれと同様の発想です。但し，当時，各州の人口算出では黒人奴隷が多い南部の利益が突出しないよう，奴隷1人を白人の「5分の3」人としていました。

（3）民主政

　3点目は，上記2点とも関連しますが，アメリカを君主のいない「共和国」（リパブリック）とすることです。つまり，自律した市民（デモス）を主体とする民主政（デモクラシー）です。今日では至極当然のことに聞こえますが，まだフランス革命以前の話です。もちろん，古代の共和政ローマや中世のベネチア共和国など，かつて民主政を実施した国家はありましたが，それらはあくまで「都市国家」という小さな単位でした。独立直後の13州の領土はあくまで東海岸中心でしたが，それでも面積は今日の日本の2倍以上。イギリスやフランスの本土を合わせた面積よりも広大でした。当時はまだ，それほど大きな国家を治めるには，強大な権力を有する「君主」の存在が当然視されていました。そうした時代に市民が統治する共和国の建設など，ほとんど暴挙と見なされました。

　この点こそが，アメリカ合衆国の誕生が「革命」と称され，同国が人類史における壮大な「実験国家」と呼ばれる所以です。1993年に設立された欧州連合（EU）も壮大な実験ですが，アメリカはヨーロッパより200年以上前に同様の試みを企てたわけです。人類史上におけるもう一

つの壮大な「実験国家」として1922年に誕生したソビエト連邦は，わずか69年間で崩壊しています。

3．連邦派と反連邦派の対立

（1）権利章典

　とはいえ，このアメリカの実験は決してスムーズなものではありませんでした。1788年末から約4週間にわたって合衆国憲法に基づく初の大統領選挙が行われ，ワシントンが初代大統領に選出されました。独立戦争後，ワシントンは故郷のバージニア州に隠居していましたが，ハミルトンの強い要請を受けて立候補するに至りました。

　しかし，当時の首都ニューヨークのウォール街にあるフェデラルホールで行われたワシントンの就任式に，ロードアイランド州とノースカロライナ州の代表者の姿はありませんでした。両州はまだ憲法を批准していなかったからです。それほど中央政府への警戒心は強かったのです。

　とりわけ信教の自由や言論の自由など，州や市民の視点から見た権利が十分に保障されていないことへの懸念は根強く，1791年に「権利章典」と称される憲法の修正条項10か条が加えられることになりました。特に言論や信教などの自由を定めた修正第1条，（規律ある民兵による）武器保有を認めた修正第2条，黙秘権の根拠とされる修正第5条はアメリカのニュースでしばしば言及されます。今日までに27の修正条項が存在し，連邦議員の報酬変更に関する第27条は1992年に成立しました。この第27条は1791年に批准されなかった条項ですが，約2世紀後に再び関心が高まり成立に至りました。歴史的には，奴隷制を廃止した修正第13条（1865年），黒人参政権を認めた修正第15条（1870年），禁酒法の根拠となった修正第18条（1919年），女性参政権を認めた修正第19条（1920年）などが有名です。奴隷1人を白人の「5分の3」人とした憲法の条

18

図表1-7　独立宣言や合衆国憲法，権利章典などの原本が保管されている
アメリカ国立公文書館（NARA，ワシントン）の円形広間

項は市民権や平等権を定めた修正第14条（1868年）などによって改正さ
れました。

（2）アメリカ社会の運動律

　このように，独立を果たしたとはいえ，アメリカ合衆国としての船出
は順風満帆ではありませんでした。独立戦争に勝利したとはいえ，戦費
は国家財政を圧迫し，ワシントン大統領の財務長官だったハミルトンは
税制を整備し，合衆国銀行の設立に尽力するなど，連邦制度の強化に努
めました。その一方で，ジェファソンらは州の独立自尊を重んじる立場
から猛反対。連邦派（フェデラリスト）と反連邦派（アンチ・フェデラ
リスト）の対立が鮮明になりました。

　連邦派は商工業中心の国家を目指しており，そのために強力な連邦政
府が必要と説いたのに対し，反連邦派は農業中心の国家を志向し，州の
権限を重視しました。地域的には連邦派が北部，反連邦派が南部をそれ
ぞれ地盤とし，連邦派の中心人物はハミルトン，反連邦派はジェファソ
ンとマディソンでした。合衆国憲法の中心的な起草者だったマディソン

はハミルトンらとともに1788年に『ザ・フェデラリスト』を出版し，当時まだ合衆国憲法への批准を躊躇していたニューヨーク州などの世論に強く働きかけましたが，ハミルトンが推し進める連邦政府の権限拡大には反対しました。ハミルトンが北部（ニューヨーク州）を拠点としていたのに対し，ジェファソンとマディソンはともに南部（バージニア州）でプランテーションを所有していたこともその一因とされています。

　連邦派はのちに連邦党へ，州権や分権を重んじる反連邦派は民主共和党へと発展し，本格的な政党政治が幕開けしますが，両陣営の対立は今日に至るまでアメリカの社会や政治を動かす基本的な運動律を成しています。

（3）大統領の呼称から首都の設計まで

　この対立はさまざまな局面で表出します。例えば，大統領の呼称。合衆国憲法は第１章第９条で「貴族の称号を授与してはならない」と規定しています。では，大統領を何と呼べば良いのでしょうか。ヨーロッパでは王族に対して「殿下」（ハイネス），あるいは国王に対して「陛下」（マジェスティ）などの敬称が用いられていましたが，ジェファソンらは強く反対しました。そこでワシントンは議会の意見も参考にしながら「ミスター・プレジデント」という平易な呼称を選び，今日に至っています。

　アメリカ合衆国の首都がニューヨークからフィラデルフィアを経てワシントンに移転したのは1800年です。しかし，首都の設計も一筋縄ではいきませんでした。連邦派はヨーロッパのような威厳ある壮大な首都の設計を希望していたのに対し，反連邦派は巨大な都市が強大な中央権力の象徴となることを警戒。結果的に首都の位置を南部寄りのポトマック河畔とすることなどを条件にワシントンへの移転が決まりました。ちな

みにワシントンの正式名称は「コロンビア特別区」（District of Columbia）で，アメリカ大陸を「発見」したとされる探検家クリストファー・コロンバスに因んでいます。どの州にも属さない連邦政府の直轄地です。「ワシントン」と呼ばれているのは移転先を決めたワシントン大統領に敬意を表し特別区内にあった市の一つが「ワシントン市」と命名され，のちに区内の全ての自治体が同市に統合されたことに由来します。「ワシントンD.C.」と称されることも多いですが，これは「コロンビア特別区のワシントン市」（Washington, District of Columbia）という意味で正式名称ではありません。西海岸のワシントン州は首都と区別するために"Washington State"と称されることが多いです。

　ちなみに，首都ワシントンといえばホワイトハウスが有名ですが，最初の住人は第2代大統領アダムズで，ワシントン前大統領はすでに他界していました。「ホワイトハウス」が大統領官邸の正式名称となるのは20世紀初頭の第26代大統領セオドア・ルーズベルト以降です。ホワイトハウスの建設には多くの黒人奴隷が動員されました。

　なお，「アメリカ合衆国」という訳語ですが，アメリカが州の連合体であることを鑑みて，「アメリカ合州国」の方が適切ではないかとの声も聞かれます。歴史的には1844年にアメリカと清（中国）の間で結ばれた望厦条約で用いられた訳語を江戸幕府が日米和親条約（1854年）でそのまま採用したことに起源があるとされています。ただ，憲法の前文には「われら……国民はより完全な連邦を形成し……」と記されており，単なる州の連合体でなく，国民的な統合を企図していると解釈できます。であるなら，むしろ民衆の連合体として「合衆国」という訳語が適切との声もあります。ちなみに「ユナイテッド・ステイツ・オブ・アメリカ」の「ステイト（state）」には「国家」の意もあります。その意味では国家の連合体である国際連合（ユナイテッド・ネーションズ）こそ

が「ユナイテッド・ステイツ」であり，多様な民族（＝nation，ネーショ
ン）から成るアメリカ合衆国こそが「ユナイテッド・ネーションズ」で
あるべきだと言えるかもしれません。また，本書では「ステイト」の訳
語に「州」を一貫して用いていますが，独立宣言から合衆国憲法制定ま
での期間は旧植民地の権限がより強かったことから研究者の間では
「州」ではなく「邦」を用いて区別するのが一般的であることを付記し
ておきます。

　最後に，今日，アメリカドルは世界の基軸通貨となっていますが，独
立当時，大陸会議は戦費を調達するために大量の紙幣や硬貨が発行され
ました。その兌換対象が大西洋世界での事実上の基軸通貨となっていた
スペインドル（８レアル銀貨）だったことから，アメリカの通貨は「ア
メリカドル」と称されるようになりました。「ドル」が通貨単位と公式
に定められたのは1792年の鋳貨法です。合衆国憲法（第１章第８条）は
「貨幣を鋳造し，その価格および外国貨幣の価格を規制する権限」を連
邦議会に委ねていますが，スペインドルは南北戦争（1861-65年）の直
前まで公的に認められ流通し続けていました。

図表１-８　1800年までのアメリカ年表

前1000以前	アジア東北部からベーリング地峡を経て北米大陸に渡った狩猟民，各地に拡散し，大平原あたりにまで南下
前1000以降	ミシシッピ，オハイオ川流域にマウンド文化の発展
1492	コロンブス，現在のバハマ諸島に到達
1497	ジョン・カボット，カナダ東南岸に到達
1534	ジャック・カルティエ，北米大陸ニューファンドランド地域を探検
1607	イギリスがバージニア植民地ジェームズタウンに初の恒久的植民地を建設
1619	バージニア植民地にアフリカ人奴隷初めて搬入される
1620	メイフラワー号，プリマスに到達，プリマス植民地建設される
1622	オペチャンカヌーの蜂起
1624	オランダ，マンハッタン島に入植
1625	イギリス，カリブ海のバルバドス島に植民を始める
1630	マサチューセッツ湾植民地の建設始まる
1636	ボストンにハーバード大学（全米最古）創立
1636—37	ピーコート戦争
1637	フランス，カリブ海のマルティニクとグァドループを領有

1664	イギリス軍，オランダ領ニューアムステルダムを武力で奪取，ニューヨーク植民地始まる
1675—76	フィリップ王（メタカム）戦争
1676	ベーコンの反乱
1681	ウィリアム・ペン，ペンシルバニア植民地を建設
1743	アメリカ哲学協会創立，フランクリン初代会長に就任
1755	フレンチ・アンド・インディアン戦争（七年戦争）始まる（～1763）
1763 (2)	フレンチ・アンド・インディアン戦争終結，パリ条約でイギリスはカナダ，ミシシッピ川以東，フロリダを領有
(5)	ポンティアック戦争
1765	印紙条例の危機
1767	タウンゼンド諸法制定，イギリス，北米植民地に強硬策
1770	ボストン虐殺事件
1773	ボストン茶会事件
1775(4.19)	レキシントン・コンコードの戦い，対英独立革命戦争始まる
1776 (1)	トマス・ペイン，『コモンセンス』出版
(7.4)	独立宣言の発布
1778	ジェームズ・クックがハワイへ来航
1783	対英パリ条約，合衆国正式に独立
1785	公有地条例制定
1787	憲法制定会議招集
1788	合衆国連邦憲法発効
1789 (4)	ジョージ・ワシントン初代大統領に就任
1790	第1回国勢調査行われる
1791	フランス領サン・ドマング（ハイチ）で奴隷反乱から革命が起きる

（ ）内の数字は月を示す。特に国名を表記しない場合はアメリカ合衆国を指す。同年の出来事には月を付してできる限り通事的に並べてある。

参考文献

阿川尚之『憲法で読むアメリカ史』ちくま学芸文庫，2013

A・ハミルトン，J・ジェイ，J・マディソン（斎藤眞，中野勝郎 訳）『ザ・フェデラリスト』岩波文庫，1999

トーマス・ペイン（角田安正 訳）『コモン・センス』光文社古典新訳文庫，2021

和田光弘『植民地から建国へ』岩波新書，2019

2 | アメリカ社会の運動律②
：南北戦争期（19世紀）

《**目標＆ポイント**》 「実験国家」としてのアメリカの歩みが危機に瀕した南北戦争（1861〜65年）の根底にあった問題とその意味を読み解く。
《**キーワード**》 奴隷制，白人至上主義，金ピカ時代

1．奴隷制という課題

（1）トクヴィル

　1831年春，仏貴族出身の判事修習生アレクシ・ド・トクヴィルは友人と共に9か月間のアメリカ紀行に出発しました。弱冠25歳。刑務所視察というのはあくまで口実で，市民が大国を統治するという，人類初の試みから約40年を経たアメリカの実状を探るのが真の目的でした。馬車や蒸気船に揺られ，北米大陸の大自然に抱かれ，先住民の酋長からボストンの名士，さらには現職大統領まで貪欲に交わりながら記した『アメリカのデモクラシー』は今日でも不朽の名著とされています。

　トクヴィルがとりわけ心を惹かれたのは人びとの「心の習慣」（習俗，モーレス），すなわち市民的な美徳や公共心のしなやか

図表2-1　トクヴィル肖像

さでした。「建国の父たち」が合衆国憲法の中に書き込んだ諸制度はもちろん重要です。しかし，いくら制度がしっかりしていても，それを支えようとする「心の習慣」が無ければ，どんな立派な制度も機能しない。トクヴィルはヨーロッパ流の身分制社会とは対照的なアメリカ流の平等主義や個人主義を称えました。そのうえで，民主主義が今後の世界の潮流になると確信し，「私はアメリカの中にアメリカ以上のものを見た」と有名な一文を残しました。

　その一方で，伝統的な社会関係から自由になることで，個人が自分以外の拠り所を失い，付和雷同に走り，社会の多数派や強い権力に自ら隷従する逆説を「多数派の専制」と称し，民主主義の脆さも指摘しました。

　また，トクヴィルはアメリカとロシアが「いつの日か世界の半分の運命を手中に収める」と記しました。政治的・経済的に自由な市民が大国を統治する実験国家がアメリカならば，逆に，巨大な権力者や統治機構が人民や土地をトップダウンで支配する権威主義的な実験国家があっても不思議ではありません。トクヴィルは当時のロシア帝国のなかに，来たるべき東西冷戦の萌芽を見たのです。

　そして，何よりもトクヴィルは黒人奴隷や先住民の境遇に憤り，地域間や人種間の切迫した状況を強く危惧しました。その懸念はアメリカ視察から約30年後に南北戦争（1861〜65年）の勃発という形で的中することになります。

（2）南北戦争

　第1章で述べたように，北部は商工業中心の国家を目指し，そのために強力な連邦政府を求めていたのに対し，南部は農業中心の国家を志向し，むしろ州の権限を重視しました。とりわけアイルランドなどからの移民増加により労働者を確保できた北部は奴隷制による綿花栽培を続け

る南部への批判を強めます。

　加えて，アメリカは西部へと領土を拡張
しており，北部自由州と南部奴隷州の数の
バランスを図るべく，それまでさまざまな
妥協を繰り返してきました。しかし，米墨
戦争（1846〜48年）の結果，領土が西海岸
まで拡張すると，西部における奴隷制の可
否をめぐる対立が深まりました。奴隷制に
反対する勢力は共和党を，支持する勢力は
民主党をそれぞれ結成します。

**図表2-2　ワシントンのリ
ンカン記念堂**

　1860年の大統領選挙で共和党のエイブラ
ハム・リンカンが当選すると，サウスカロライナ州を筆頭にミシシッ
ピ，フロリダ，アラバマ，ジョージア，ルイジアナ，テキサスの南部7
州が次々とアメリカ合衆国（USA）から離脱。翌年2月にアメリカ連
合国（CSA＝南部連合）の独立を宣言し，奴隷制を認める独自の憲法を
制定し，ジェファーソン・デーヴィスを大統領に選出しました。南部連
合は4月にサウスカロライナ州にあった北軍のサムター要塞を攻撃。す
ると，リンカンは南部を海上封鎖し，本格的な戦争状態へと突入しまし
た。まもなくバージニア，ノースカロライナ，アーカンソー，テネシー
の南部4州も連合国に加わり，計11州となりました。当初，連合国の首
都はアラバマ州モントゴメリに置かれていましたが，のちにバージニア
州リッチモンドに移転します。一般に「内戦」（Civil War）と称される
南北戦争ですが，実質上の「国際紛争」だったという見方も存在しま
す。もっとも，全ての奴隷州が連合国に加わったわけではなく，ケン
タッキー，メリーランド，デラウェア，ミズーリの4州は合衆国に留ま
りました。また，バージニア州の西部は連合国への加盟を拒み，ウエス

トバージニア州として合衆国に参加しました。

　南軍は綿花貿易を通して関係が深かったイギリスなどの支援やアメリカ史上屈指の名将ロバート・リー将軍の活躍もあり，当初，優勢に戦いを進めていました。共和党は「奴隷制反対」を掲げながらも，党内では即時廃止論，段階的廃止論，拡大阻止論などが拮抗していました。リンカン自身，当初は奴隷のアフリカ移送を真剣に検討していましたが，やがて拡大阻止の立場に転じ，そこから廃止論へと傾倒してゆきました。

　1863年1月には奴隷解放宣言を公布します。そこには戦争の大義を，連邦制を守るための戦いから，奴隷解放を通してアメリカ人の自由を拡大するための戦いへとシフトさせる狙いがありました。実際，同宣言によりイギリスをはじめ国際世論も北軍を支援し，直近に解放された奴隷の多くも北軍に加わります。また，リンカンは奴隷解放宣言の前年にホームステッド（自営農地）法を公布しました。これは21歳以上の男女の合衆国市民または将来市民になる意思を表明した外国人に公有地を貸与し，5年以上開拓に従事すれば160エーカー（約65ヘクタール，東京ドーム約14個分）の土地を無償で与えるとした西部の農民育成法です。この法律により，西部開拓が急速に進むとともに，西部の農民は北部の連邦政府を支持するようになりました。

（3）奴隷解放宣言とゲティスバーグ演説

　次第に情勢は北軍に有利となり，1863年7月のゲティスバーグ（ペンシルバニア州）の戦いで南軍を破り，形勢は逆転。1865年4月に連合国の首都リッチモンドが陥落し，リー将軍が北軍のユリシーズ・グラント将軍に降伏したことで北軍の勝利に終わりました。戦争による戦死者数は南北両軍合わせて約61万人に及びましたが，これは第二次世界大戦における米兵の戦死者の約1.5倍に相当します。

　とりわけゲティスバーグの戦いは南北戦争で最大の激戦となり，両軍の戦闘員数は合わせて16万人以上で，うち4分の1が死傷したとされています。4か月後にゲティスバーグの国立戦没者墓地の奉献式が行われましたが，リンカンの追悼演説はわずか272単語（約2分）の短いもので，マイクロフォンがなかった時代だったこともあり，カメラマンも気づかなかったほどでした。しかし，のちにこの演説が注目され，アメリカ史における最も重要なものの一つになります。とりわけ「人民の人民による人民のための政治」という一節は民主主義の本質を象徴する表現として有名です。第二次世界大戦後，日本を占領統治した連合国軍総司令部（GHQ）による憲法草案の前文にも織り込まれ，現憲法では「そもそも国政は，国民の厳粛な信託によるものであって，その権威は国民に由来し，その権力は国民の代表者がこれを行使し，その福利は国民がこれを享受する」との表現で前文に記されています。

　ちなみに，リンカンが1864年の大統領選で再選を果たした際，カール・マルクスはヨーロッパの労働者や社会主義者からなる「国際労働者協会」（IWA，第1インターナショナル）を代表して祝辞を送り，アメリカを「まだ1世紀もたたぬ昔に一つの偉大な民主共和国の思想がはじめて生まれた土地，そこから最初の人権宣言（著者注：独立宣言）が発せられ，18世紀のヨーロッパの革命に最初の衝撃があたえられたほかならぬその土地」（『マルクス・エンゲルス全集』第16巻）と称賛しています。マルクスの思想が社会主義や共産主義に大きな影響を与えたことを考えると意外ですが，それほど奴隷解放宣言のインパクトは大きかったということでしょう。

ゲティスバーグ演説

87年前，われわれの父祖たちは，自由の精神にはぐくまれ，人はみな平等に創られているという信条にささげられた新しい国家を，この大陸に誕生させた。

今われわれは，一大内戦のさなかにあり，戦うことにより，自由の精神をはぐくみ，自由の心情にささげられたこの国家が，或いは，このようなあらゆる国家が，長く存続することは可能なのかどうかを試しているわけである。われわれはそのような戦争に一大激戦の地で，相会している。われわれはこの国家が生き永らえるようにと，ここで生命を捧げた人々の最後の安息の場所として，この戦場の一部をささげるためにやって来た。われわれがそうすることは，まことに適切であり好ましいことである。

しかし，さらに大きな意味で，われわれは，この土地をささげることはできない。清めささげることもできない。聖別することもできない。足すことも引くこともできない，われわれの貧弱な力をはるかに超越し，生き残った者，戦死した者とを問わず，ここで闘った勇敢な人々がすでに，この土地を清めささげているからである。世界は，われわれがここで述べることに，さして注意を払わず，長く記憶にとどめることもないだろう。しかし，彼らがここで成した事を決して忘れ去ることはできない。ここで戦った人々が気高くもここまで勇敢に推し進めてきた未完の事業にここでささげるべきは，むしろ生きているわれわれなのである。われわれの目の前に残された偉大な事業にここで身をささげるべきは，むしろわれわれ自身なのである。―それは，名誉ある戦死者たちが，最後の全力を尽くして身命をささげた偉大な大義に対して，彼らの後を受け継いで，われわれが一層の献身を決意することであり，これらの戦死者の死を決して無駄にしないために，この国に神の下で自由の新しい誕生を迎えさせるために，そして，人民の人民による人民のための政治を地上から決して絶滅させないために，われわれがここで固く決意することである。

図表 2-3　ゲティスバーグ演説全文
アメリカンセンター JAPAN ホームページより

Gettysburg Address

Four score and seven years ago our fathers brought forth on this continent, a new nation, conceived in Liberty, and dedicated to the proposition that all men are created equal.

Now we are engaged in a great civil war, testing whether that nation, or any nation so conceived and so dedicated, can long endure. We are met on a great battle-field of that war. We have come to dedicate a portion of that field, as a final resting place for those who here gave their lives that the nation might live. It is altogether fitting and proper that we should do this.

But, in a larger sense, we can not dedicate - we can not consecrate — we can not hallow — this ground. The brave men, living and dead, who struggled here, have consecrated it, far above our poor power to add or detract. The world will little note, nor long remember what we say here, but it can never forget what they did here. It is for us the living, rather, to be dedicated here to the unfinished work which they who fought here have thus far so nobly advanced. It is rather for us to be here dedicated to the great task remaining before us — that from these honored dead we take increased devotion to that cause for which they gave the last full measure of devotion — that we here highly resolve that these dead shall not have died in vain — that this nation, under God, shall have a new birth of freedom — and that government of the people, by the people, for the people, shall not perish from the earth.

図表 2 - 4　ゲティスバーグ演説全文
アメリカンセンター JAPAN ホームページより

2. 南部の再建

（1）リンカンのリーダーシップ

　南北戦争終結の1か月ほど前，再選を果たしたリンカンは2度目の大統領就任演説を行い，その中で敗戦濃厚だった南部に対して寛大な態度を示し，国民の和合を呼びかけました。

「何人にも悪意を抱かず，すべての人に対して愛を持ち，神が私たちに示したその正義の確信によって，私たちが今取り組んでいる課題を成し遂げるため努力しようではないか。国の傷をいやし，戦争に従軍した人とその未亡人や子どもを助け，私たちの間とそしてすべての国の間に正しくそして永続する平和を達成し育むためにあらゆる努力を尽くそうではないか」

　リンカンは奴隷制に依拠していた南部についてもあくまで人びとの法的権利を尊重し，民主的手続きに沿った処遇を模索していました。
　しかし，この演説から約6週間後，リー将軍の降伏から1週間も経た

図表2−5　リンカンの2度目の就任演説

ない間にリンカンは暗殺されます。ホワイトハウス近くのフォード劇場での観劇中，南軍の敗北を恨んだバージニア州出身の俳優によって狙撃されたのです。

　リンカンはケンタッキー州の田舎の丸太小屋で生まれ，幼少時代から苦境や不遇が相次ぎました。そのリンカンを支えたのは絶望の淵から紡ぎ出した希望，すなわち「私は，同胞の者たちの尊敬に足る自分となって，心底からの評価を彼らに求めたい」という実存をかけた大志でした。世俗的な権力や名声ではなく，自分自身を超えた善の実現こそが，真の生きた証しになるという達観が彼の政治人生の根幹にあったと後世の歴史家は分析しています（ドリス・カーンズ・グッドウィン『リンカン（上・下）』）。大統領に初当選した際，リンカンは選挙時の政敵だった4人をそっくり主要閣僚（国務，財務，司法，陸軍長官）に抜擢する奇手を用いて，南北戦争という未曾有の国難を切り抜けました。国政にとって有能とあれば，リンカンの失脚を謀略した財務長官でさえ，のちに最高裁判所長官に任命したほどです。こうした人格的な高潔さもあり，今でもアメリカ史上，最も偉大な大統領としてランキングされることも少なくありません。

（2）「分離すれども平等」

　南部諸州をどう合衆国に復帰させ，再建（reconstruction）するかは大きな課題で，南北戦争が終結した1865年から連邦軍が南部から撤収した12年間は「再建期」と称されます。リンカン暗殺により大統領に昇格したアンドリュー・ジョンソンはリンカンの寛大な方針を継承し，憲法修正第13条（黒人奴隷制の廃止）批准を連邦への復帰の条件にしました。しかし，連邦議会の多数派となった北部の急進派は同第14条（黒人の市民権保障）や同第15条（黒人投票権の保障）の批准も条件に課すな

ど，より強硬な改革を求めました。結果的には，駐留していた連邦軍の指導のもと，南部各州が相次いで連邦へ復帰を果たしました。

　その過程において，共和党は南部の黒人に，民主党は南部の白人にそれぞれ支持を拡大し，両者の勢力が拮抗するようになります。そして，1876年に行われた大統領選挙の結果をめぐり両党は紛糾。両党幹部の舞台裏の協議により，共和党のラザフォード・ヘイズを大統領とする代わりに，南部に駐留していた連邦軍を撤退する「1877年の妥協」が成立し，再建期は終わりを迎えます。

　連邦軍の重しがなくなった南部諸州では，財産によって投票権を制限する，有権者登録の際に識字を問うなど，さまざまな条件を課す州法が相次いで成立し，いわば合法的に黒人の投票権剥奪や公共空間における隔離を行うようになりました。黒人は憲法違反だとして訴訟を起こしますが，1896年，連邦最高裁は分離と差別は同義ではないとする「分離すれども平等」（separate but equal）という論理を以て退けました。この判決（プレッシー判決）を受けて，交通機関や学校，レストラン，娯楽施設，公園，ホテルなどあらゆる公共施設で黒人と白人に分離が進みました。公教育においてこの措置が違憲との判断が連邦最高裁で下されたのは1954年のブラウン判決で，分離そのものを認めない公民権法が成立したのは1964年です。その間，黒人への人種差別や暴力行為は公然と行われていたことになります。このように人種隔離に基づく黒人差別を事実上容認していた南部諸州の法や制度を「ジム・クロウ」と呼びます。ジム・クロウとは白人が顔を黒塗りして黒人に扮して歌うコメディ（ミンストレル・ショー）の定番キャラクターの名前です。

（3）白人至上主義

　南北戦争直後の1865年末には旧南部連合の有力者を中心にテネシー州

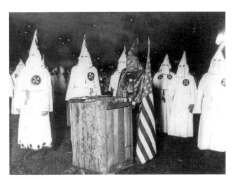

図表 2 - 6　KKK（写真は1920年代）

ナッシュビル近郊で白人至上主義団体「クー・クラックス・クラン」
（KKK）が結成されます。KKK は黒人のみならず，南部の再建を主導
した北部の急進派へのテロを繰り返しました。白い頭巾で顔を隠し，白
装束で身を覆う幽霊のような出で立ちは迷信深い黒人を威嚇する狙いが
あったとされています。

　南部諸州でジム・クロウが成立し始めたことや，KKK の取り締まり
が強化されたこともあり，1870年代半ばに KKK の活動は一旦終息しま
す。しかし，のちに1915年にジョージア州アトランタ郊外のストーンマ
ウンテンで再生し，火の十字架をかざす儀式が取り入れられるようにな
ります。KKK は南部や農村部のみならず，北部や都市部，そして女性
にも広がりを持つ全国的な政治組織となり，最盛期の1920年代半ばには
300〜500万人の会員がいたとされています。KKK が各地で行った街頭
行進には多くの一般市民が熱心に声援を送り，KKK の社会活動を一般
の市民団体のそれと同じ欄で称える地方紙も少なくありませんでした。

　KKK は，黒人のみならず，カトリック教徒やユダヤ教徒なども排斥
の対象とし，反移民政策を牽引しました。1890年代から1910年代は総人
口に占める外国生まれの移民の割合がアメリカの歴史の中でも最も高

かった時代で，その前後には中国人排斥法（1882年）やジョンソン・リード法（1924年，いわゆる排日移民法）などの排外主義的な法案が成立しています。

　ちなみに，南軍を率いたリー将軍はゲリラ戦の継続を求める将校らの進言を退け，兵士に投降を呼びかけました。戦後は恩赦を受け，バージニア州の大学の学長に就任し，南部再建に必要な人材育成に尽力しました。かたや，逃亡を企てたデーヴィス大統領は投獄され，公職就任の資格も剥奪されました。しかし，北部による南部の占領統治に強く反対し続けたことから，一部の南部人から英雄視されることになります。南部白人の騎士道的な勇敢さを「南部の失われた大義」と称賛し，連邦政府に抗う声は今なお残っています。その一方で，リー将軍もデーヴィス大統領も南部の奴隷制を象徴する人物として，近年，その銅像などの撤去が進められています。

3．金ピカ時代

（1）ソーシャル・ダーウィニズム

　南北戦争まではいわば連邦政府の有無そのものが問われた時代でしたが，北軍（北部）の勝利によってこの問題はひとまず決着し，アメリカは統一された近代国民国家として本格的に発展を遂げることになります。当時はアメリカのみならず，日本やイタリア，ドイツなどでも国家統一の動きが相次ぎ，国民国家が国際関係の基本単位になっていきました。

　とりわけアメリカでは資本主義が急速に発展。チャールズ・ダーウィンの進化論が社会に適用され，適者生存を唱えるソーシャル・ダーウィニズム（社会進化論）の考えが浸透し，企業の吸収合併が進みました。ジョン・ロックフェラーが1870年に創業したスタンダード石油はライバ

ル企業を次々と買収してトラスト（企業合同）を形成し，同氏は「石油王」と呼ばれました。同様に，1892年にカーネギー鉄鋼会社を興したアンドリュー・カーネギーは「鉄鋼王」と称されました。ロックフェラー家やカーネギー家に加えて，モルガン家（国際金融），メロン家（不動産），デュポン家（化学製品）などが巨大な財閥を形成したのがこの時代です。こうした財閥に象徴される独占資本家は政治的な影響力を強め，産業界と政界の癒着が深刻化するようになります。なかでも南北戦争で北軍の司令官を務めたユリシーズ・グラント将軍は，その人気を背景に1869年に大統領に就任しますが，汚職まみれとなり，アメリカ史上最も評価の低い大統領の一人になっています。マーク・トウェインが1873年にチャールズ・ウォーナーと著した『金ピカ時代』（Gilded Age）はこの時代の堕落した政財界を描いた小説で「金ピカ時代」は南北戦争後の経済バブル期や，金銭崇拝や政治腐敗，道徳的退廃を象徴する言葉となりました。

図表2-7　「金ピカ時代」を風刺する画「上院のボスたち」（ジョセフ・ケップラー，1889年）。議会上院が巨大資本家によって牛耳られているとする風刺

（2） 大陸横断鉄道

　その一方で，南北戦争で中断していたネブラスカ州オマハとカリフォルニア州サクラメントをつなぐ鉄道が1869年に開通したことで，東海岸から西海岸までをつなぐ最初の大陸横断鉄道が完成しました。それまで陸上移動に数か月を要していた東西横断は約１週間に短縮され，西部開拓が一気に進み，1890年に行われた国勢調査はフロンティア（未開拓地）消滅を報告しました。

図表２-８　大陸横断鉄道の開通記念式典

　ただし，これは白人を中心とする入植者の視点であり，すでに西部開拓（西漸運動）に至るアメリカの歴史において先住民（インディアン）への凄まじい略奪や虐殺が行われました。1830年にはアンドリュー・ジャクソン大統領が先住民強制移住法を制定し，ミシシッピ川以東の諸部族の大半は同川以西に設けられた特別地域への移住を強いられ，南部の先住民人口は激減します。とりわけチェロキー族は1838年の厳冬期にジョージア州からオクラホマ州まで移住を余儀なくされ，その途上，約１万5000人のうち4000人もが命を落としました。その過酷な行程は「涙

の道」として今でも語り継がれています。1890年末にはサウスダコタ州でスー族約350人が軍隊に包囲され，300人近くが殺害されました。これにより先住民の組織的抵抗は終わりを迎えました。また，大陸横断鉄道の工事には大量の中国人移民が動員されましたが，ユタ州プロモントリーで行われた開通記念式典の写真には白人男性しか写っておらず，当時の人種偏見を象徴しているとされています。

図表2-9　犠牲になったチェロキー族の追悼記念碑（ジョージア州）

（3）「明白なる運命」

　1845年にはメキシコ領だったテキサスを併合し，翌年には英米両国の共同所有となっていたオレゴン領土を取得します。ジャーナリストのジョン・オサリバンは取得を擁護する論説に「私たちに託された自由と連邦制自治の偉大な実験の発展のために，神が私たちに与えた大陸全体を広げ，所有するという私たちの明白なる運命の権利」と記しましたが，この「明白なる運命」（manifest destiny）という表現が注目を集めました。つまり，西方への領土拡大は神の予定した計画というわけです。この論理を以てアメリカはメキシコとの開戦（米墨戦争，1846～48年）を正当化し，テキサス南端のリオ・グランデ川をメキシコとの国境とし，テキサスからカリフォルニアに至る南西部を少額で買収することに成功しました。こうして大陸国家としての形をほぼ整え，1890年の大陸横断鉄道の完成によって近代国民国家としての飛躍を遂げることになったわけです。

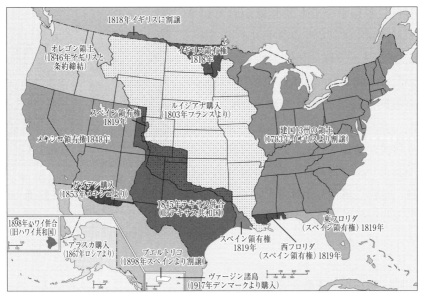

図表2-10　アメリカの領土拡張

　そして，この西方への領土拡大の誘惑は北米大陸の中だけに留まりませんでした。カリフォルニアの取得を目指した理由の一つは太平洋世界への関心，具体的にはアジアとの貿易や捕鯨の振興がありました。1853年にマシュー・ペリー提督率いる東インド艦隊が浦賀に渡来した背景にはこうした事情がありました。1898年にはスペインとの米西戦争に勝利し，キューバを事実上の保護国として支配下に置く一方，プエルトリコ，フィリピン，グアムなど旧スペイン植民地を獲得します。ハワイでは1893年にアメリカ人のサンフォード・ドールらがクーデターを起こし，ハワイ王朝を崩壊させ，翌年，ハワイ共和国の建国を宣言します。1898年にはアメリカによって併合され，1900年に正式なアメリカの準州（テリトリー）になります。

　「フロンティア精神」とは進取果敢な開拓者精神を称賛する言葉ですが，それが「明白なる運命」という信念と結びつくことで，アメリカの海外領土拡大への野心はさらに大きくなります。と同時に，近代的な啓蒙主義に基づいた「実験国家」「理念の共和国」としてのアメリカの自己理解をさらに深める契機にもなりました。しかし，こうした高邁な理念の陰には武力を背景にした威圧や併合，経済的な搾取など，暗く重い現実があったことも事実です。

図表2-11　1800年代のアメリカ年表

1803	ルイジアナ購入
1804	ハイチ独立
1807	1808年1月1日以降の奴隷貿易禁止
1810	ハワイ王朝成立
	初の海外伝道のための宣教師がインドに送られる
1812	対英「1812年戦争」始まる（〜1814）
1818	カンバーランド道路完成
1820	ミズーリ協定の成立
1823	大統領ジェームズ・モンロー，大統領教書で「モンロー宣言」
1825	エリー運河開通
1830	大統領アンドリュー・ジャクソン，先住民強制移住法制定
1831	アレクシ・ド・トクヴィル，合衆国を視察
	ナット・ターナーの奴隷反乱
1833	マサチューセッツ州，公定教会廃止
1834	ニューヨーク婦人道徳改善会結成
1838	チェロキー族，オクラホマに強制移住，「涙の道」と記憶される
1840	ロンドンの世界反奴隷制大会でエリザベス・ケイディ・スタントンとルクリーシャ・モットが出会う
	ハワイ，最初の憲法を発布
1845	テキサス共和国を併合
1846	アメリカ・メキシコ（米墨）戦争始まる（〜1848(2)）
1848 (1)	カリフォルニアで金鉱発見される
(2)	米墨戦争終結，メキシコからカリフォルニア領土取得
(7)	セネカ・フォールズで女性の権利大会開催
1850	1850年の妥協，逃亡奴隷取締法が強化される

1852	ハリエット・ビーチャー・ストウ，『アンクル・トムの小屋』出版 中国からの契約労働移民がハワイへ来る
1853	ペリー黒船艦隊浦賀に来航
1858	日米修好通商条約調印
1860 (6)	万延元年遣米使節，福沢諭吉ら咸臨丸で渡米
(11)	共和党のエイブラハム・リンカン，大統領に当選
1861 (2)	アメリカ連合国の結成
(4)	アメリカ連合国軍が連邦軍のサムター要塞を攻撃，南北戦争が始まる（〜1865)
1862	ホームステッド（自営農地）法施行
1863	リンカン大統領，奴隷解放宣言を発布
1865 (4)	南軍のリー将軍，北軍のグラント将軍に降伏，南北戦争事実上終結
(12)	憲法修正第13条，奴隷制度廃止
1868	憲法修正第14条，解放黒人に市民権が与えられる 日本から最初の契約労働移民，ハワイへ向かう
1869	初の大陸横断鉄道開通
1873	オハイオ州で酒場閉鎖運動始まる
1874	婦人キリスト教禁酒同盟（WCTU）結成
1876	建国100周年の式典が全国で開催される トマス・エディソン，ニュージャージー州メンロ・パーク実験所設立 ハワイとアメリカの互恵条約締結
1877	南部再建終了，連邦占領軍南部から引き上げ
1882	中国人排斥法制定
1885	日本の官約移民，ハワイへ向かう
1886 (3)	アメリカ労働総同盟組織される
(5)	ヘイマーケット暴動
1887	ドーズ法制定 米・ハワイの互恵条約更新，アメリカ海軍が真珠湾を独占的に使用
1889	ジェイン・アダムス，シカゴでハル・ハウスを始める
1890	全国アメリカ婦人参政権協会（NAWSA）設立 国勢調査結果により，フロンティア・ラインが消滅したことが判明
1892 (2)	人民党結成 コロンブス「新大陸」到着400周年行事，全国で開催される
1893 (1)	ハワイでクーデター，ハワイ王朝崩壊
(5)	シカゴ万国博覧会開催 オハイオ州で酒場反対連盟結成
1894 (7)	ハワイ共和国樹立 ハワイへの日本官約移民廃止，かわって私約移民（民間による斡旋）開始
1896	連邦最高裁，「分離すれども平等」の判決，南部の人種隔離を承認
1898 (4)	米西戦争始まる　（〜98(12))
(7)	ハワイを併合

（　）内の数字は月を示す。特に国名を表記しない場合はアメリカ合衆国を指す。同年の出来事には月を付してできる限り通事的に並べてある。

参考文献

トクヴィル（松本礼二 訳）『アメリカのデモクラシー（第一巻上・下）』岩波文庫，2005

トクヴィル（松本礼二 訳）『アメリカのデモクラシー（第二巻上・下）』岩波文庫，2008

宇野重規『トクヴィル　平等と不平等の理論家』講談社，2007

ドリス・カーンズ・グッドウィン（平岡緑 訳）『リンカン（上・下）』中央公論新社，2011

貴堂嘉之『南北戦争の時代』岩波新書，2019年

紀平英作『奴隷制廃止のアメリカ史』岩波書店，2022年

3 | アメリカ社会の運動律③
：リベラルの時代（20世紀前半〜中期）

《**目標＆ポイント**》 「実験国家」の性格が大きく変容した大恐慌（1929年）以降の，いわゆる「リベラリズム」の時代を考察する。
《**キーワード**》 革新主義，ニューディール体制，アメリカの世紀

1．革新主義

（1）禁酒法の時代

　南北戦争後に国家が統一されたとはいえ，連邦政府の権限は今日と比較にならないほど小さく，歴代大統領の一覧表を眺めても，知名度の高い大統領はほとんど見当たりません。

　そうした中，1893年の恐慌でバブルが弾け，金ピカ時代は終わりを迎えます。自由放任主義の弊害を是正すべく，連邦捜査局（FBI）の創設（1908年），連邦準備制度（FRS＝米国の中央銀行制度）の創設（1913年），独占の形成を法的に規制する反トラスト法（クレイトン反トラスト法）の制定（1914年），累進的所得税の導入（1916年）など動きが見られるようになりました。また，禁酒法の制定（1919年），男女平等の参政権を認めた憲法修正第19条の制定（1920年），教育や労働条件の改善，貧民救済，政治腐敗の浄化などの改革も相次ぎました。専門家や行政官僚らを中心に，近代的・科学的・合理的な社会の管理や進歩のあり方が模索された1890年代から1920年代は「革新主義の時代」と称されま

す。共和党のセオドア・ルーズベルト大統領や民主党のウッドロー・ウィルソン大統領はこの時代を象徴する大統領です。

　とりわけ興味深いのは禁酒法です。もともと19世紀の半ばから宗教団体や女性団体が飲酒のもたらす風紀の乱れや家庭内暴力などを問題視し，州レベルでは禁酒法が制定されていました。第一次世界大戦（1914〜18年）が起きると酒の原料となる穀物を節約する機運や，ビール業界を支配していたドイツ系移民への反発（ドイツはアメリカの敵対国）も相まって，禁酒運動は各地で高まりを見せ，1919年に飲料用アルコールの製造・販売等を禁止する憲法修正第18条とその細則であるボルステッド法（全国禁酒法）の成立に至ります。しかし，飲酒行為そのものを禁止したわけではなく，密造酒を買って飲むことは違法ではなかったため，密造や密売が横行します。アル・カポネは密造酒の販売や賭博業，売春業で巨額の富を築き，シカゴの暗黒街に君臨しました。カポネのようなギャングによる組織犯罪が蔓延するなど多くの矛盾を露呈した挙句，1933年，連邦議会はこれを廃棄する憲法修正第21条を可決し，禁酒法の時代は終わりました。

（2）ジャズの時代

　密造酒が横行し，秘密の酒場が繁盛した1920年代は「ジャズの時代（ジャズ・エイジ）」とも称されます。第一次世界大戦後の好況を背景にしたバブル期でもあり，ラジオ，映画，ダンス・ホールなどの商業的娯楽が普及し，享楽的な消費文化や都市文化が隆盛しました。それまでの「女性らしさ」に囚われず，ショートヘア，ショートスカート，

図表 3 - 1　フラッパー女優の一人と呼ばれていたアメリカの女優ルイーズ・ブルックス(1927年)

濃いメイクを好み，酒や煙草を嗜み，ダンスやドライブを楽しみ，自由奔放な性生活を送った「フラッパー」と呼ばれる女性たちはこの時代を象徴する存在です。

　「ジャズ・エイジ」という言葉は『華麗なるギャッツビー』で知られる小説家Ｆ・Ｓ・フィッツジェラルドの短編集『ジャズ・エイジの物語』（1922年）に由来します。「ジャズ」という単語はもともとセックスを意味する黒人のスラングで，音楽のジャンルとしてはニューオーリンズ（ルイジアナ州）の公娼街で演奏されていました。やがてニューオーリンズに海軍基地ができ，街の浄化が進むなか，ミュージシャンたちはシカゴなどに移動し，密造酒場などに活動の場を見出しました。フィッツジェラルドはそうした退廃と堕落の象徴として「ジャズ」を用い，当時の世相を描きました。

　20世紀の初めには「マックレーカーズ」（醜聞暴露者の意）と呼ばれたジャーナリストや文筆家が政治や経済，社会の不正や腐敗を告発し，社会改革の必要性を訴えました。例えば，アプトン・シンクレアは小説『ジャングル』（1906年）の中でシカゴの缶詰工場の不衛生極まりない過酷な労働環境を描き，資本主義社会の負の側面を告発し，今日でもプロレタリア文学の傑作と評価されています。

　その一方で，第一次世界大戦後の繁栄ゆえ，北欧や西欧のみならず，東欧や南欧，アジアなど，キリスト教プロテスタントではなく，言語も大きく異なる移民労働者が急増しました。それに伴い，「100％のアメリカニズム」を掲げる排外的な同化論も隆盛します。前章で述べたように白人至上主義団体「KKK」が復活したのは1915年のことです。

（3）暗黒の木曜日

　しかし，この「ジャズの時代」は1929年10月24日（木曜日）に発生し

図表 3-2　株価暴落を伝える新聞

たウォール街（ニューヨーク株式市場）の株価大暴落──いわゆる「暗黒の木曜日」──に端を発する史上最大規模の世界恐慌（大恐慌）とともに終焉します。株価は 7 分の 1 に暴落し，6000以上の銀行が倒産し，失業率は25％を超えました。当時，新聞やラジオを利用した大衆広告が人びとの消費意欲を掻き立て，クレジット購入や信用取引（証券会社からお金や売買に必要な株式を借りて行う取引）が広がる一方，銀行を統制する連邦規則はほぼ皆無でした。それゆえ，連邦政府による銀行預金の保証もなく，小規模銀行を中心に債務不履行に陥り，顧客は全ての貯蓄を失うことになりました。大恐慌は1929年から1933年まで続きましたが，順調な成長力を示していた社会主義とは対照的で，当時，ソ連がアメリカに6000人の労働者の求人広告を出したところ，10万人を超えるアメリカ人から応募がありました。アル・カポネも失業者向けのスープキッチン（炊き出し）を出し，毎日2000人以上のシカゴ市民に無料の食事を提供しましたが，その背景には脱税裁判で有利に働くと

**図表 3-3　アル・カポネのスープ
キッチン**

の思惑もあったようです。

2. ニューディール体制

(1) フランクリン・ルーズベルト

　大恐慌の影響が最も深刻だった1933年，フランクリン・ルーズベルトが大統領に就任します。ルーズベルトは政府主導で有効需要の創出や完全雇用の実現を図るケインズ派経済学をもとに，労働者の経済的救済や社会保障法の導入，大企業と富裕層への増税などを次々と実施しました。1932年の大統領選（民主党の大統領候補指名受諾演説）で「ニューディール」（新規まき直し）という表現を用いたことから，こうした一連の施策は「ニューディール政策」と称されるようになりました。ルーズベルトは就任から100日間の間に多くの政策を実施したことから，それ以降，就任から「最初の100日間」の成果が注目されるようになりました。

　もっとも，ニューディール政策が大恐慌の克服にどこまで効果があったかは評価の分かれるところです。本格的な回復は第二次世界大戦（1939〜45年）に伴う特需がより重要だったと説く向きもあります。

　しかし，ルーズベルトが毎週ラジオで行った「炉辺談話」はアメリカ

図表 3-4　ニューディール政策の一環であるゴールデン・
ゲート・ブリッジ（カリフォルニア州）の建設風景

人に希望と安心感を与え，戦時下でもあったことから記録的な 4 期目の当選を果たしました（1951年の憲法修正第22条によって大統領の任期は 2 期 8 年に制限）。また，第二次世界大戦では連合国の結束を主導するなど，いわば大恐慌と世界大戦という 2 つの国家的危機にあって指導力を発揮したことから今日でもリンカンやワシントンに次いで，アメリカ史上最も優れた大統領にランキングされることが少なくありません。ちなみにルーズベルトは39歳の時にポリオによる小児麻痺を発症し，両足の自由を奪われるなど，アメリカ史上唯一の重度障害を持つ大統領でもありました。ドイツ降伏を目前に控えた1945年 4 月，脳卒中に倒れ，副大統領ハリー・トルーマンが大統領に昇格しました。

（2）アメリカ流「リベラル」の誕生

　ニューディール政策はそれまでのアメリカが経験したことのない──そして敵意さえ抱いていた──「大きな政府」への方向転換を意味しました。それまで政府による介入は「自由」にとっての「障壁」と考えられてきましたが，大恐慌を契機に，自由放任主義は格差拡大や市場の暴走を招き，かえって人々を不自由にしかねない，むしろ政府による一定の介入こそが真の「自由」を保障する「手段」と見なされるようになりました。これがアメリカ流の「リベラル」の考え方です。その萌芽は革新主義時代に見出すことができます。

　リベラル＝自由主義＝自由放任主義と連想すると，政府による市場介入を否定するのが自由主義ではないのかと混乱してしまうかもしれません。ここは日本からアメリカを見る際に忘れてはならない重要な点です。

　アメリカ流の「リベラル」を理解するには，ヨーロッパとの比較において考えてみると分かりやすいです。王制や貴族制といった身分制社会

の否定の上に建国されたアメリカでは，近代そのものに懐疑的なヨーロッパ流の「保守」はほとんど存在せず，建国の思想となったのはジョン・ロックらなど，個人の自由や権利を尊重する啓蒙思想でした。ドイツからアメリカに亡命したユダヤ人思想家ハンナ・アーレントが，「アメリカ独立革命こそは社会のルールをめぐる権威づけを，王や宗教ではなく，個人の契約に委ねることに成功した近代史上唯一の事例だ」と指摘したことは有名です。

　ヨーロッパ流の「保守」が確立していなければ，その対抗としての革新勢力も育ちません。自治と独立の精神を重んじる風土もあり，ヨーロッパのように，強大な政府権力を媒介にし，急進的に社会の革新や平等化を目指す「社会主義」が広く受け入れられることもありませんでした。今もアメリカにはアメリカ社会党（SPUSA）やアメリカ共産党（CPUSA）といった左翼政党が存在しますが，政治的影響力は皆無に等しく，存在すら知らないアメリカ人も少なくありません。

　つまり，君主や貴族による統治（保守主義）も，巨大な政府権力による統治（社会主義）も，ともに否定するのがアメリカの特徴です。ヨーロッパでは，長年，保守主義・自由主義・社会主義という三すくみの対立軸によって政治空間が織りなされてきましたが，アメリカでは「保守」も「リベラル」も（啓蒙思想を源とするヨーロッパ流の）自由主義を前提としており，イデオロギー間の差異はもともと小さいです。いわば，アメリカ流の「保守」は自由主義の右派に過ぎず，「リベラル」は自由主義の左派に過ぎないとの見方もできます。

（3）リベラルの時代

　とはいえ，「保守」からすると「リベラル」はかなり「左」に見えます。ニューディール政策には違憲訴訟が相次ぎ，ルーズベルトは保守派

から「社会主義者」と批判されました。しかし，大恐慌以降，アメリカではリベラリズムが基本的な政治潮流となり，（広義の）ニューディール体制は，その後，約半世紀もの長きにわたって続くことになります。ルーズベルトを継いだトルーマン大統領の「フェアディール」政策，ジョン・F・ケネディ大統領の「ニューフロンティア」政策，ケネディ暗殺後に大統領職を引き継いだリンドン・ジョンソンの「グレートソサエティ」政策などは，いずれもニューディール政策の延長線上にあり，「リベラル」の系譜に連なるものでした。

　それはまた，人間の理性や合理性を以てすれば人間が作り出した問題は解決できるという理想主義ないし知性主義を意味しました。ケネディが大統領就任演説で述べた「あなたの国があなたのために何ができるかを問わないでほしい。あなたがあなたの国のために何ができるかを問うてほしい」という有名な一節は，崇高な理想とともに，より良い世の中に向かって行動するようアメリカ国民に呼びかけたものでした。彼はまた，世界の人々に対して，「アメリカがあなたのために何をするかを問うのではなく，われわれが人類の自由のために一緒に何ができるかを問うてほしい」とも呼びかけています。当時，ケネディが創設した平和部隊（Peace Corps）は発展途上諸国に青年を派遣し，技術教育など現地の開発計画に寄与させようとする機関で，日本の青年海外協力隊のモデルにもなりました。

　ケネディと同時代の公民権運動の指導者マーティン・ルーサー・キング牧師が1963年 8 月に行った「私には夢がある」の演説はあまりに有名ですが，1964年には公民権法が成立し，人種に基づく隔離や差別を事実上容認していたジム・クロウが廃止されました。人権に対する意識の高まりは，その後，今日に至るまで，人種や民族のみならず，ジェンダーや宗教，さらには年齢や身体性など，さまざまな社会的な差別是正へ向

けた機運を大きく高めることになります。

　しかし，1970年代になると，ニューディール体制は行き詰まりを迎え
ます。例えば，南部では公民権運動が「あまりに急進的」との反発を生
み，民主党の大票田から共和党の牙城へと様変わりしました（奴隷解放
を行ったリンカンが共和党だったことから，南部では元々民主党が優勢
で，とりわけ大恐慌以降は民主党の大票田になっていた）。加えて，イ
ンフレやオイルショックは経済を疲弊させ，福祉国家的な「大きな政
府」の持続が困難になりました。

3．アメリカの世紀

（1）孤立主義からの転換

　南北戦争で国家統一を果たしたアメリカは太平洋やカリブ海へ勢力拡
張する一方，ヨーロッパ列強とは相互不干渉の関係，いわば孤立主義の
立場を維持しました。ヨーロッパでは1914年から第一次世界大戦が勃発
していましたが，アメリカは開戦から3年間は中立の立場を貫き，ウィ
ルソン大統領は再選の公約として参戦しないことを明言していました。

　しかし，ルシタニア号事件やドイツの無差別潜水艦作戦再開，ツィン
メルマン電報事件などを受け，アメリカ国内でもドイツ非難の世論が高
まります。また，フランスやイギリスが敗北した場合，両国への貸付金
が回収できなくなる恐れもありました。そのため，ウィルソンは再選か
らわずか2か月後の1917年4月，議会で連合国への協力を表明し，対独
宣戦布告を行うに至ります。

　ウィルソンは戦時中の1918年に「平和のための14か条」を発表し，国
家間の協力による国際平和の維持を目的とする国際機関の創設を提唱し
ます。しかし，戦後，その国際連盟の創設を定めたヴェルサイユ条約の
批准を米国の議会は拒否します。また，参戦と同時に，アメリカ史上初

の対外向けの広報機関「広報委員会（CPI）」が創設されましたが，終戦後，直ちに解体されました。それゆえ，海外におけるアメリカの広報活動は，その後，ほぼ皆無の状態が続きました。それほど世論は対外関与の継続に懐疑的でした。

　1930年代になるとドイツやイタリア，日本でファシズムが台頭し，ドイツの再軍備，イタリアのエチオピア侵攻，日本の満洲国建国など緊張が高まりますが，アメリカ議会は「中立法」を制定し，直接介入を拒否します。ルーズベルト自身は参戦に前向きで，1941年1月には3期目の就任演説では「4つの自由」（言論および表現の自由，信教の自由，欠乏からの自由，恐怖からの自由）を守るべく，ファシズムとの戦いを正当化し，3月にはイギリスなど連合国を支援する武器貸与法を成立させました。参戦に消極的だった世論を一変させたのは同年12月7日（日本時間8日）の日本軍による真珠湾（ハワイ準州）攻撃でした。ルーズベルトはマンハッタン計画で原子爆弾（原爆）の製造に着手し，死後，トルーマン大統領によって広島と長崎への投下の決定が下されました。戦

図表 3-5　真珠湾攻撃を受け，上下両院合同会議で対日宣戦布告の演説を行うルーズベルト大統領

後の対ソ戦略を見据え，ソ連の日本参戦前に米国の優位を示す狙いがあったとされています。

（2）リベラル国際秩序

　アメリカの参戦はそれまでの孤立主義的な外交政策からの転換を意味しました。唯一戦場とならなかった大国の指導者として，ルーズベルトは連合国の結束を主導。1944年7月には連合国44か国による戦後の国際経済体制を定めたブレトン＝ウッズ協定を締結。国際通貨基金（IMF）と国際復興開発銀行（IBRD＝世界銀行）の発足や，米ドルを基軸通貨とする固定相場制への移行が決定しました。また，1945年2月には連合国首脳会談でヤルタ協定が締結され，戦後の国際連合の創設と米ソ2大国による力の均衡を前提とする国際秩序が形成されることが合意されました。アメリカは資本主義と民主主義に基づく西側（自由世界）の事実上の盟主として，戦後のヨーロッパの復興を支援するとともに，日本の民主化を推し進め，ソ連との冷戦に対峙してゆきました。

　つまり，ルーズベルトはアメリカ国内では「大きな政府」による大恐慌の克服に努める一方，対外的にはアメリカの積極的関与によって戦後の国際秩序の形成を企図したわけです。そこには制度と規範の両面で政府＝国家が主導的な役割を果たしてゆくべきとするアメリカ流リベラルの発想が見てとれます。ちなみに太平洋戦争の終結後，日本を占領統治した連合国軍総司令部（GHQ）による憲法草案にもニューディール時代の影響は投影され，男女の対等な関係性に関する憲法第24条などは当時のアメリカ本国でも実現されていない革新的な内容となっています。

　1941年1月，タイム・ライフ社の創業者であるヘンリー・ルースは『ライフ』誌論説のなかで，「アメリカが世界において支配的国家となった最初の世紀という意味で，この世紀はアメリカの世紀なのである」

「20世紀という時代は，決定的にアメリカの世紀でなければならないのである」と豪語し，19世紀の「イギリスの世紀」からの覇権の移行を印象付けました。とりわけ第二次世界大戦後，アメリカは「自由」「豊かさ」「便利さ」「快適さ」「陽気さ」の代名詞となり，一戸建て住宅＋家電＋自家用車に象徴される「アメリカ式生活様式」（American way of life）の魅力が国内外で喧伝されました。

（3）　リベラルの挫折

　ところで，ルーズベルト政権の政策の立案・遂行にあたった学識経験者や専門家は「ブレイントラスト」と称されましたが，ケネディ政権やジョンソン政権も高学歴のエリートを積極的に登用しました。とりわけ安全保障政策を担当した閣僚や大統領補佐官は「ベスト・アンド・ブライテスト」（最も聡明な人々の意）と呼ばれました。アメリカの超一流の知性を以ってすれば，例えば，ベトナムの共産主義勢力を駆逐し，世界を近代化できるに違いないと考えたわけです。しかし，最新鋭の軍事力を有していたアメリカ軍はベトナムのゲリラの前に苦戦を余儀なくされました。ベトナム敗戦は単に軍事上のみならず，リベラル，そしてア

図表3－6　ホワイトハウスで公民権法施行の文書に署名するジョンソン大統領（後列中央がキング牧師）

メリカニズムの挫折でもあり，「ベトナム・シンドローム」はその後長きに亘ってアメリカ社会に蔓延することになります。

　加えて，ベトナム戦争によりアメリカ経済は深刻な打撃を受け，ドル危機が進行する一方，西ヨーロッパや日本の経済復興に伴い，ドルを基軸とする通貨体制は維持できなくなります。1971年8月にはリチャード・ニクソン大統領が米ドルと金の交換停止を突然発表し，1973年からは変動相場制へと移行し，ブレトン＝ウッズ体制は崩壊します。

　イランでは1978～79年の革命により，親米派のパーレビー王政が崩壊し，イスラム共和制へと移行しました。1979年11月にはテヘランのアメリカ大使館がパーレビー国王の引き渡しを求める革命派の学生グループによって占拠され，52人のアメリカ人が444日間にわたって人質として拘束されました（イラン・アメリカ大使館人質事件）。人質解放に失敗し，かつインフレ（物価上昇）とリセッション（景気後退）が同時に起きるスタグフレーションに見舞われた民主党のジミー・カーター大統領は一期限りで退任を余儀なくされることになります。このように1970年代はアメリカの威信が低下し，リベラルが大きく挫折した時代でもありました。

図表 3-7　1900～1980年の年表

1900	(7)	門戸開放宣言
		国際婦人服飾労働者組合（ILGWU）結成
1904		アイダ・M.ターベル『スタンダード石油会社の歴史』出版
1914	(7)	第一次世界大戦始まる（～1918(11)）
1915		第二次 KKK ジョージアで組織される，20年代に最盛期を迎える
1919	(1)	パリ講和会議開催
	(1)	憲法修正18条，禁酒法制定（～1933）
1920	(1)	司法長官パーマー，"赤狩り"
	(8)	憲法修正19条，女性参政権発効
1921		ワシントン軍縮会議（～1922）
1923		平等権修正（ERA）初めて連邦議会に提出される

1924	出身国別割り当て移民法制定，東・南欧系移民大幅制限，アジア系移民全面禁止
1925	テネシー州，スコープス裁判，キリスト教原理主義勝利
1928	ケロッグ・ブリアン不戦条約
1929（10.24）	「暗黒の木曜日」ニューヨーク株価暴落，大恐慌始まる
1933	フランクリン・ルーズベルト，大統領に就任，「ニューディール（新規巻き返し）」政策開始，第一次ニューディール（AAA, NIRA, TVA など）実施
1935	第二次ニューディール（ワグナー法，WPA など）実施
1939（9）	ドイツ軍ポーランド侵攻，第二次世界大戦始まる
1941（1）	ルーズベルト，年頭教書で「4つの自由」の護持を提唱
（2）	ヘンリー・ルース，雑誌『ライフ』に「アメリカの世紀」を掲載
（3）	武器貸与法成立
（12.7）	日本軍真珠湾を奇襲攻撃，アメリカ領のグアム，フィリピンも攻撃，合衆国第二次世界大戦参戦
1942（2）	大統領行政命令9066号，西海岸で日系人の強制移住始まる
（6）	日本軍，ミッドウェイ海戦でアメリカ軍に敗北
1943	日系人二世主体の442部隊設立される
1944（6）	アメリカ軍，サイパンに上陸
（7）	アメリカ軍，テニアンに上陸，グアムを奪還
1945（8）	合衆国，広島・長崎へ原子爆弾投下
	日本，ポツダム宣言受諾，第二次世界大戦終結
（9）	ベトナム民主共和国独立，仏軍，米国船でサイゴンに到着
1950（2）	マッカーシー上院議員の「赤狩り」始まる
（6）	朝鮮戦争始まる（〜1953(7)）
1954（5）	連邦最高裁，「ブラウン判決」，公立学校における人種分離に違憲判決
（7）	ディエンビエンフー陥落（仏軍敗北）
	エルヴィス・プレスリー，デビュー
1955（12）	ゴ・ディン・ジェム，ベトナム共和国（南ベトナム）樹立を宣言
（12）	アラバマ州モントゴメリでバスボイコット運動
1960（2）	ノースカロライナ州グリーンズボロ，人種隔離に反対する座り込み運動
（12）	南ベトナム解放民族戦線（NLF）結成
1961	ケネディ大統領，「女性の地位に関する大統領委員会」設立
1962	キューバ危機
1963（8）	人種差別撤廃を求めるワシントン大行進，キング牧師「私には夢がある」と演説
（11）	ケネディ大統領暗殺
	ベティ・フリーダン，『女性らしさの神話』出版
1964（7）	公民権法第7編で，人種，信条，出身国，性別による雇用差別禁止
（8）	ベトナム，トンキン湾事件
1965（2）	ベトナム民主共和国（北ベトナム）への爆撃開始

	(2)	マルコム・X暗殺
	(8)	黒人投票権法成立
	(10)	出身国別割り当て移民法廃止，専門知識や技術のある者，家族が合衆国で暮らす者の移民が優先され始める
1966		全国女性組織（NOW）結成
1967		ワシントン反戦集会，10万人以上参加
1968	(4)	キング牧師暗殺，全米の都市で人種暴動
	(6)	ロバート・ケネディ暗殺
1969	(2)	ニクソン大統領，ニクソン・ドクトリン，「ベトナム化」を表明
	(8)	ウッドストック・フェスティバル
1972	(3)	平等権修正（ERA）連邦議会を通過
	(5)	ニクソン訪ソ，東西緊張緩和"デタント"始まる
	(6)	ウォーターゲート事件発覚
1973	(1)	パリにおいてベトナム和平協定調印
	(1)	ロー対ウェード判決，中絶に合憲判決
	(2)	アメリカ・インディアン運動（AIM），ウンデッド・ニーを占拠
1975		サイゴン陥落
1977		ヒューストンで全国女性会議が開かれる
1979	(1)	米中国交回復
	(12)	ソ連，アフガニスタン侵攻
		ジェリー・ファルウェル牧師「モラル・マジョリティ」結成

（　）内の数字は月を示す。特に国名を表記しない場合はアメリカ合衆国を指す。同年の出来事には月を付してできる限り通事的に並べてある。

参考文献

中野耕太郎『20世紀アメリカの夢』岩波新書，2019

佐藤千登勢『フランクリン・ローズヴェルト』中公新書，2021

土田宏『ケネディ』中央公論新社，2007

デイヴィッド・ハルバースタム（佐野輔 訳）『ベスト＆ブライテスト（上・下）』二玄社，2009

油井大三郎『好戦の共和国アメリカ』岩波新書，2008

4 ｜ アメリカ社会の運動律④ ：保守の時代（20世紀後半）

《**目標＆ポイント**》 リベラリズムにとって代わり「保守主義」が台頭した1970年代以降の動向と背景を振り返る。

《**キーワード**》 レーガン保守革命，「小さな政府」，冷戦終結

1. レーガン保守革命

（1）「政府こそが問題なのだ」

　リベラルな政治潮流が続く中，それに対する反動も芽生え始めます。1964年の大統領選挙で共和党の大統領候補に指名されたバリー・ゴールドウォーター上院議員は「共和党と民主党には違いがほとんどない」と共和党主流派を挑発。結局，この年の選挙では民主党のリンドン・ジョンソン大統領が再選されましたが，ゴールドウォーターは「保守」政党としての共和党のアイデンティティを強く打ち出すことに腐心し，その後，リチャード・ニクソン大統領やロナルド・レーガン大統領によって継承されました。

　とりわけ，1980年の大統領選で地滑り的勝利を収めたレーガンは翌年の就任式で「政府が問題を解決するのではない。政府こそが問題なのだ」とニューディール体制を痛烈に批判します。行政府のトップの言葉としてはいささか奇異に聞こえますが，ニューディール体制の半世紀はアメリカ史における例外，ないし逸脱に過ぎない，今こそアメリカ建国

図表4-1　1981年の大統領就任式

の「基本に戻ろう（Back to Basics）」と訴えるレーガンの言葉は，停滞ムードに沈む多くのアメリカ人の琴線に触れました。大統領選と同時に行われた連邦議会選挙でも，共和党が28年ぶりに上院を制覇しました。

　1984年の大統領選挙では，民主党のカーター政権で元副大統領を務めたウォルター・モンデール（のちに駐日大使を歴任）との一騎打ちになりました。しかし，モンデールの獲得した選挙人は民主党の頑強な支持基盤であるワシントン（コロンビア特別区）と，彼の出身地であるミネソタ州のみでした。しかも，ミネソタ州での差はわずか3761票だったので，レーガンはあと3800票で50州すべてを制覇するところでした。レーガンが獲得した選挙人525人（538人中）は，大統領候補の獲得選挙人数としては史上最高です。

（2）アメリカ流「保守」の確立

　レーガンによって戻るべき「基本」とされたのは，規制緩和や減税など自由放任主義的な経済，教会やコミュニティを中心とした社会秩序や倫理規範の回復，そして対外的な威信回復のための軍備増強の3つ，す

なわち，経済保守，社会保守（宗教保守），安保保守です。

　この３つは厳密には必ずしも調和しません。例えば，軍備増強は政府歳出の肥大化や増税へとつながりかねません。人工妊娠中絶や同性婚を非合法化するのは私的領域に対する公権力の過剰な介入とも言えます。しかし，それを「小さな政府」「家族の価値」「強いアメリカ」といったレトリックと巧みなバランス感覚で融合し，「保守大連合」を実現したのがレーガンでした。「レーガン保守革命」と称される所以です。

　敢えてこの３つの最大公約数を挙げるとすれば「セルフ・ガバナンス（自己統治）」という考えでしょう。すなわち，国内的には政府の介入を排し，個人や企業，コミュニティの自由＝自治を重んじ，対外的には他国や国際社会──とりわけ国連などの国際的な巨大官僚機構──の介入を排し，国家としての自由＝自治を積極的に担保しようとする姿勢です。言い換えると，社会工学的に作られた秩序よりも自生的に育まれた秩序を信じます。また，近代的・科学的・合理的な社会の管理や進歩に懐疑的で，むしろ伝統や慣習に重きを置きます。ニューディール体制とは極めて対照的です。もちろん，1980年代のアメリカを建国期に戻すことは現実的ではありません。実際にレーガンが回帰すべきアメリカの原風景としてイメージしていたのは「黄金の1950年代」でした。

（3）「保守」の復権

　1950年代はレーガン自らハリウッドの映画俳優として夢を振りまいていた時代です。レーガンは熱心な反共産主義者としても知られ，映画俳優組合（SAG）の委員長時代にはジョセフ・マッカーシー上院議員が主導した「赤狩り」（共産主義者のスパイ摘発調査）に協力したほどです。1964年の大統領選ではゴールドウォーターを熱心に支持し，1966年には自らカリフォルニア州の知事選に出馬し，当選を果たしました。

　レーガンは，17世紀にマサチューセッツ湾初代植民地総督（現在の州知事に相当）を務めたジョン・ウィンスロップがアメリカについて用いた「丘の上の町」というメタファーを好んで引用しました。ヨーロッパの旧世界とは異なる，神との契約に基づく，崇高で，例外的な国というアメリカ理解です。

　明朗で，楽観的で，しかも元俳優ゆえにユーモアのセンスや表情の演出にも長け，保守派から絶大な支持を得ました。その後も共和党の「顔」として，今日でも英雄視されています。いわば民主党におけるフランクリン・ルーズベルトのような存在とも言えます。

　ニューディール体制の下，「保守」は否定的な烙印を押され，ほとんど反知性主義と同義と見下されていました。アメリカのメディアやアカデミズム，とりわけ大学は総じて進歩主義的な雰囲気が強く，政治的には民主党支持者が圧倒的でした。

　しかし，レーガン保守革命に伴う保守勢力の台頭を受けて，アカデミズムの世界でも，歴史家ジョージ・ナッシュや政治哲学者ハーヴィ・マンスフィールドのように，アメリカ流の保守に積極的な思想的な価値を見出す動きが出てきました。また，ヘリテージ財団やケイトー研究所，戦略国際問題研究所（CSIS）など保守系の財団やシンクタンクも存在感を増しました。1996年には「メディア王」ルパート・マードックが，レーガン政権下で共和党のメディア参謀を務めたロジャー・アイレスを社長に抜

図表4−2　ヘリテージ財団（ワシントン）

擢して，保守系の放送局「FOXニュース」を創設します（リベラル系の放送局として知られる「CNNニュース」の創設は1980年）。このように保守を支える知的インフラが整備されていきました。

　また，アメリカの保守で特徴的なのはラジオ番組の影響力です。有名なのは1987年にカリフォルニア州サクラメントの局で始まった「ザ・ラッシュ・リンボー・ショー」で，ホスト役のリンボーの舌鋒鋭いリベラル批判は保守派の歓心を買い，全米約600のラジオ局に配信され，リスナーは1500万人以上に達しました。このような草の根レベルの裾野の広がりもあり，レーガン以降，少なくとも30年間にわたって「保守」がアメリカ政治の基調を成すことになります。

2. 「小さな政府」

（1） 新自由主義

　経済面ではミルトン・フリードマンらの新古典派経済学が理論的支柱とされ，効率性や市場競争力そのものを「正義」とする新自由主義（ネオリベラリズム）が正当化されました。ニューディール体制を支えたケインズ派経済学からの大転換であり，効率性や市場競争力の過剰を制御する価値として「正義」を位置づけたジョン・ロールズらのリベラルな政治哲学とは対照的です。

　レーガンが就任した当時の経済指標はインフレ率12%，失業率7.5%，金利20.2%という極めて厳しいものでした。

　「レーガノミクス」と称されるレーガンの経済政策ですが，具体的には税制改革（法人や個人の税率や富裕層への最高税率の引き下げなど），政府支出の削減（社会保障の削減など），規制緩和（自動車の環境・安全規制の緩和，大気汚染規制の緩和，国産原油価格の統制解除など）などが挙げられます。連邦政府の権限をできるだけ州に移行するととも

に，民間の力を活用しようとした点が特徴的です。

　その評価は分かれるところです。FRB（連邦準備制度理事会）は市場への通貨供給量（マネーサプライ）を減らし，政策金利を11％から20％まで上げるなど金融引き締めを行った結果，インフレ率は3.2％まで下がりました。失業率は任期最終年の1988年には5.5％に減少しました。

　しかし，金融引き締めにより金利が上昇した結果，アメリカドルは他通貨に対して非常に高くなりました。その結果，アメリカ製品は価格競争力を失い，輸入量が増え，いわゆる「双子の赤字」と呼ばれる莫大な貿易赤字と財政赤字を生み出すことになりました。そこで，1985年9月のG5（アメリカ・イギリス・フランス・ドイツ・日本5か国の蔵相・中央銀行総裁会議）にてドル高の是正や為替レートの安定化に関する合意を結びます。ニューヨークのプラザホテルで開催されたことから，「プラザ合意」と呼ばれます。

　また，減税によって政府歳入が減る一方，社会保障の削減はさほど進まず，逆に，軍備増強により国防費は急増しました。その結果，就任時に約9000億ドルだった累積債務は8年後には約2兆6000億ドルに増加。就任時に国内総生産（GDP）の約3割だった累積赤字は約5割にまで増加しました。

　加えて，所得格差も広がります。当初，富裕層が増えればその富が中間層にも滴り落ちてくるという「トリクルダウン」の考え方がしきりに唱えられましたが，富裕層の中には個人資産を海外の租税回避地（低課税地域，タックスヘイブン）に移す者も少なくありませんでした。ニューディール体制の下，貧富の差は縮小傾向にありましたが，1980年代には拡大傾向に転じ，1989年には上位1％の大富豪の所得が下位90％の世帯の収入合計を上回るようになりました。

（2）宗教保守の台頭

　レーガン時代に社会保守が台頭した大きな要因の一つは1960年代の公民権運動やベトナム反戦運動，公立学校での祈祷を禁じる1961年の最高裁判決，妊娠中絶を容認した1973年のロー対ウェード判決に象徴される性革命などへの反発がありました。保守派は国家・学校・宗教・家族といった「伝統的」な世界観を支えていた主な制度がリベラル派によって侵食されているとの危機感を深めていったのです。

　とりわけ，社会には意味と目的を与える「聖なる天蓋」が必要で，アメリカにおいてそれはユダヤ・キリスト教の伝統や価値（＝聖書）であると考える宗教保守は，世俗的な人間中心主義の過剰を改めるべく，政治的な関心を深めてゆきます。具体的には，神への服従はアメリカの繁栄によって報われるとの認識に基づき，共産主義の否定，家庭や教育への政府介入の拒否，男女同権・同性愛・人工中絶への反対，大手マスコミやハリウッドへの抵抗，ロック・ポルノ・ドラッグの追放，進化論の否定，「家族の価値」（男女の夫婦からなる核家族）への支持などが挙げられます。宗教保守の中でも政治的に活発な一派は「宗教右派」と称されます。キリスト教プロテスタントの保守派の総称として「福音派」（エバンジェリカル）が広く用いられるようになったのもこの時代です。

　リベラル派は公立学校における祈祷の禁止は憲法修正第1条にある「国教の禁止」に合致するとしましたが，保守派は教育から宗教的次元を排除することは検閲にあたると反論しました。同様に，従来のキリスト教解釈が白人の男性中心に偏向していると批判する「解放の神学」などのリベラル派は，「キリストにあっては男も女もない」（ガラテヤの信徒への手紙3章）と女性に牧師への門戸を開くよう主張しましたが，これに対しては「すべての男のかしらはキリストであり，女のかしらは男であり，キリストのかしらは神である」（コリントの信徒への手紙1，12

図表4-3　ブッシュとクエール

章）と同じく聖書を用いた反撃がなされました。

　ジョージ（・H・W）・ブッシュ副大統領が1988年に大統領選に立候補した際，保守派の票を固めるため，宗教右派との関係の深かったダン・クエールを副大統領に任命しました。クエールは人気テレビドラマ『マーフィ・ブラウン』の中で，ニュースキャスターが未婚の母になるというストーリーを批判し，ハリウッドと対立。また，リベラル派が「国の宝」と称賛する『セサミストリート』の中に，両親が離婚した女の子のキャラクターが登場したことに対し，番組内容がリベラル偏向であると批判し，PBS（公共放送局）の予算削減や番組廃止への圧力を加えました。

　端的に言えば，アメリカ社会は教会を中心にした地域コミュニティやそこで長年育まれてきた伝統や価値に支えられてきたのであり，それを「近代的」「科学的」「合理的」に改変し得るとするのは人間の傲慢，もしくは人知の暴走に他ならないと宗教保守は考えたわけです。そして，それは，リベラルが主導した「大きな政府」によって破壊されたアメリカの自生的な秩序を回復しようとするレーガン保守革命のビジョンと共鳴するものでした。

3．冷戦終結

（1）悪の帝国

　かねてより反共産主義の急先鋒だったレーガンは「強いアメリカ」の復活を掲げ，ソ連を「悪の帝国」と呼び，1983年には「戦略防衛（SDI）

構想」――別名「スターウォーズ計画」――を発表します。これはソ連のミサイルがアメリカに到達する前に迎撃するミサイル防衛網の構築を目指すもので，当時世界的にヒットした宇宙 SF 映画「スターウォーズ」のごとく，あまりに壮大な計画と思われました。結局，10年後には計画そのものが撤回されましたが，SDI の構想そのものは後に「弾道ミサイル防衛（BMD）構想」として今日に継承されることになります。

　対ソ強硬路線に大きな変化が現れたのは1985年です。上述したようにアメリカ経済が「双子の赤字」に苦しむようになり，同年 9 月の「プラザ合意」に至ります。つまり，経済面から軍拡一辺倒では立ち行かなくなりました。同時に，ソ連の社会主義経済も危機的状況に陥り，ペレストロイカ（改革）やグラスノスチ（情報公開）を指向するミハイル・ゴルバチョフが同年 3 月に共産党書記長に就任しました。

　1985年11月には両首脳がジュネーブで初の首脳会談を開催。これを機にレーガンは対話路線へと転換し，ゴルバチョフも冷戦構造からの脱却を図る「新思考外交」を推し進めます。いわば両国とも自国の台所事情から歩み寄った格好ですが，1987年12月には中距離核戦略（INF）全廃条約署名，1988年 4 月にはソ連軍撤退を含むアフガニスタン問題に関す

図表 4 - 4　ジュネーブ会談

るジュネーブ合意など，東西の緊張緩和が進みました。

　とはいえ，アメリカの保守派の中にはレーガンの路線転換への警戒心もありました。それゆえレーガンは，例えば，1987年6月のベルリン750周年記念式典で「ゴルバチョフ氏よ，この壁を壊しなさい！」と有名な一節を発したとも言われています。その一方，レーガンが筋金入りの対ソ強硬派だったからこそ保守派の反発を抑え，ソ連との関係改善が可能になったとの見方もあります。

（2）カリブ海政策

　「強いアメリカ」の復活を掲げるレーガンの強硬姿勢が目立ったのはカリブ海地域でした。とりわけ，親米政権に対する左派ゲリラの活動が強まっていたニカラグアやエルサルバドル，グレナダへの介入が強まりました。例えば，グレナダで1983年に左派政権が誕生するとレーガン政権は「アメリカ市民の安全確保」などを名目に軍事侵攻し，親米政権を樹立しました。

　もともと，キューバ独立に介入してスペインと戦った米西戦争（1898年）など，アメリカは「アメリカの裏庭」と呼ばれるこの地域に古くから介入してきました。1903年にはセオドア・ルーズベルト大統領が軍事力を背景にした「棍棒外交」の一環としてコロンビアからパナマを独立させ，パナマ運河の建設（1904〜14年）を行います。続くウィリアム・タフト大統領は積極的な海外投資を通じて政治支配を強化する，いわゆる「ドル外交」を展開。1959年にフィデル・カストロらが親米バティスタ政権を打倒し，社会主義革命（キューバ革命）を起こすと，ケネディ政権はキューバの孤立化や反革命軍の支援に乗り出します。1962年にはソ連によるキューバのミサイル基地建設に対して海上封鎖で挑み，キューバ危機が発生し，米ソが一触即発の状態に陥りました。レーガン

によるグレナダ侵攻はこうしたカリブ海政策の流れを汲むものでしたが，中南米地域における反米感情を助長することにもなりました。

　ニカラグアでは反共右派ゲリラ（コントラ）への武器支援を続けましたが，イランに秘密裏に武器を売却した資金を流用したのではないかとの疑惑が高まりました（イラン・コントラ事件）。当時，中東ではイランとイラクが戦争中で，アメリカは大使館人質事件でイランと対立していたためイラクのサダム・フセイン政権を支持していました。それゆえ国際的には大きな政治問題となり，レーガンの関与も疑われました。

（3）ヤルタからマルタへ

　1989年1月にはブッシュ政権が発足しますが，社会主義圏だった東欧諸国ではゴルバチョフの「新思考外交」を受け，市場経済の導入や複数政党制による議会制度の導入などの民主化の波が次々と起きました（東欧革命）。同年11月には東西冷戦の象徴だったベルリンの壁が崩壊し，翌12月にはブッシュとゴルバチョフが地中海のマルタ島で会談し，冷戦終結が宣言されました。1945年のヤルタ会談で決定的になった東西冷戦がマルタ会談で終わったことから「ヤルタからマルタへ」という表現がしばしば使われました。

　しかし，その後，それまで冷戦構造の中に隠れていた地域対立や民族対立が顕在化するようになります。1990年8月にはイラクがクウェート

図表4-5　マルタ会談

に突然侵攻。国連による撤退勧告に従わず，クウェートの併合を宣言したことから，1991年1月にブッシュ大統領は多国籍軍の編成を主導し，イラクを攻撃し，湾岸戦争が始まりました。攻撃の一部始終がテレビで生中継される史上初の戦争となりましたが，戦闘そのものはほぼ100時間でイラク敗北という形で決着がつきました。イラクのフセイン政権そのものは存続しましたが，イラクは多国籍軍の監視下と厳しい経済制裁下に置かれました。

　冷戦終結に加え，湾岸戦争で圧勝したことはそれまでアメリカ社会に漂っていたベトナム戦争敗北の挫折感やイランでの人質事件の屈辱を乗り越える契機となり，ブッシュの支持率は一時92％に達します。民主主義社会では異例の高さです。

　1989年5〜6月には鄧小平政権下の中国で学生や市民による民主化要求運動（天安門事件）が起き，ブッシュ政権は中国による人権弾圧を厳しく批判します。しかし，経済制裁がもたらす負の影響や地政学的な観点から，1990年5月には中国への貿易上の最恵国待遇を更新し，米中関係の改善を優先しました。その根底には市場経済の中で繁栄することで，中国がいずれ民主化し，自由主義に基づく世界秩序（リベラル国際秩序）──ブッシュの言う「新世界秩序」──の一端を担う責任あるパートナーになるだろうとの期待がありました。ニクソン政権時代のヘンリー・キッシンジャー国務長官らが推進した中国への「関与政策」をブッシュも踏襲したわけです。

　アメリカの政治学者フランシス・フクヤマが1989年に「歴史の終わり？」と題する論文を発表し，世界的に注目されました。自由経済と民主主義が社会制度の（理念上の）最終形態だとする内容ですが，「新世界秩序」の概念とともに，この当時の高揚感をよく表していると言えます。

図表 4 - 6　1981〜1989年の年表

1981	ロナルド・レーガン大統領就任，「小さな政府」を表明
1982	ERA，批准を得られず廃案
1985	ソ連，ゴルバチョフ政権誕生，ペレストロイカ（改革）始まる
1988	日系人強制収容補償法成立
1989（7）	ウェブスター判決，中絶規制に一定の合憲判決
（11）	「ベルリンの壁」の崩壊
（11）	アジア太平洋経済協力会議（APEC）設立に参加

（　）内の数字は月を示す。特に国名を表記しない場合はアメリカ合衆国を指す。同年の出来事には月を付してできる限り通事的に並べてある。

参考文献

古矢旬『グローバル時代のアメリカ』岩波新書，2020

村田晃嗣『レーガン』中公新書，2011

宇野重規『保守主義とは何か』中公新書，2016

ニコラス・ワプショット（久保恵美子 訳）『レーガンとサッチャー』新潮社，2014

フランシス・フクヤマ（渡部昇一 訳）『新版　歴史の終わり＜上＞＜下＞』三笠書房，2020

5 | アメリカ社会の運動律⑤ ：1990年代

《**目標＆ポイント**》 リベラルと保守の対立が先鋭化した1990年代の状況を再考する。
《**キーワード**》 「第三の道」，文化戦争，アメリカ一極体制

1．「第三の道」

（1）ビル・クリントン

　湾岸戦争に勝利した直後に90％以上の高支持率を得たジョージ・ブッシュ大統領でしたが，翌年の大統領選挙では敗退してしまいます。最大の敗因は経済でした。レーガン政権の後半にアメリカ経済はやや持ち直しましたが，ブッシュ時代には実質GDP成長率や失業率，財政収支などが再び悪化し，景気後退（不況，リセッション）に陥ります。経済格差も拡大し，ミドルクラスの没落が顕著になってゆきます。1992年1月には日米間の貿易摩擦解消のため，アメリカの自動車メーカーの幹部らを引き連れ来日しましたが，宮澤喜一首相主催の歓迎会の席上，失神し，世界中のメディアで報じられる一幕もありました。

　1992年の大統領選でブッシュを破ったのは民主党のビル・クリントン。第二次世界大戦後のベビーブーム世代（1946-64年生まれ）の最初の大統領で，学生時代はベトナム反戦運動にも参加していました。32歳の若さで南部アーカンソー州の知事に当選し，大統領就任時には46歳で

図表 5 - 1　1992年の大統領選挙討論会

した。これは戦後の大統領としてはケネディの43歳に次ぐ若さです。

　大統領選の討論会で，生活の窮状を訴える女性からの質問に対し，ブッシュは「失礼ですが，おっしゃっていることが良く分かりません。もう一度お願いできますか」と返答したのに対し，クリントンはその女性の目を直視しながら自分の政策を熱く語り，「レッセ・フェール（自由放任）」を謳ったレーガン＝ブッシュ時代とは国内軽視・弱者切り捨ての12年間であり，「変化」への時は満ちたと訴えました。ブッシュは「大きな政府」を打倒した共和党こそが「変化」の担い手であると反論しましたが，有権者はクリントンの「変化」を選択しました。選挙戦で流行った言葉に "It's the economy, stupid"（問題は経済なのだよ，愚か者よ）があります。選挙で最も重要な争点は「経済」であることを示す表現として，今日でもしばしば引用されます。

　名家出身で，連邦下院議員や国連大使，中央情報局（CIA）長官，副大統領と輝かしい経歴を持つブッシュに対して，クリントンは複雑な家庭環境の下で育ち，知事の座まで昇り詰めたとはいえ，全国的にはほぼ無名の存在でした。しかし，社会の閉塞感を打破するにはワシントンの

色に染まっていないアウトサイダーの存在を待望する声が高まっていたこともあり，クリントンの国政経験の無さがむしろプラスに働きました。1992年の大統領選では独立系候補として出馬した実業家のロス・ペローが18.9%もの得票率を獲得し注目を集めましたが，これもアウトサイダーに期待する時代ゆえでした。

（2）「大きな政府の時代は終わった」

　12年ぶりに民主党政権を率いることになったクリントンはファーストレディのヒラリーとともに最大の選挙公約である国民皆保険制度の導入に着手します。しかし，歳出拡大や増税への懸念，連邦政府の権限拡大を危惧する共和党のみならず，民主党内の右派（保守派）との合意形成にも失敗。加えて，州知事時代の資金疑惑や女性疑惑なども重なり，1994年の中間選挙で民主党は大敗し，40年ぶりに共和党が議会の上下両院の多数派を制しました。加えて，1970年以来4半世紀ぶりに共和党の州知事が民主党を上回るなど，アメリカ政治に大きな地殻変動が生じました。すなわち，民主党政権ではありましたが，全体としては「保守」の政治潮流がより鮮明になりました。

　その結果，政権発足時こそリベラル色を前面に打ち出したクリントン政権でしたが，次第に「右旋回」を強め，民主党の左派（リベラル派）と共和党の右派を除く民主・共和両党の穏健勢力との連携・折衝による政治運営を指向するようになりました。いわゆる中道路線で，当時のイギリスのトニー・ブレア政権（労働党）が模索した保守でもリベラルでもない「第三の道」をクリントンも歩むことになります。具体的には，「家族の価値」や「小さな政府」といった保守的レトリックの使用や，生活保護制度の見直し，不法移民の取り締まり強化，暴力犯罪の厳罰化，北米自由貿易協定（NAFTA）推進などが挙げられます。いずれも

共和党が強く提唱していた政策です。

　クリントンの時代にアメリカ経済はIT（情報技術）革命に象徴される技術革新や金融・投資，貿易面におけるグローバル化などの進展により，アメリカ史上最長の景気拡大，株価上昇を記録し，失業率もインフレ率も低下する繁栄を実現します。1992年には3000億ドル近い財政赤字を出すなど大きく膨れ上がっていた財政収支も1998年には黒字に転じ，2000年には黒字が過去最高の1500億ドルを超えるまでに回復します。民主党の左派からの批判は好調な経済実績の前に抑え込まれ，共和党にいたっては民主党との差異を明確に打ち出せないというジレンマに直面することになります。

　しかし，1990年代後半の未曾有の経済的繁栄の中で，失業率や犯罪率が低下する一方，所得格差や地域格差は拡大しました。90年代には外部者の立入りを塀で遮断した富裕層の「ゲーテッド・コミュニティ」が急増する一方，もう１つの塀で遮断されたコミュニティである「刑務所」の服役者数も倍増し，刑務所の民営化も進みました。2000年の大統領選ではアル・ゴア副大統領が出馬しましたが，クリントンとゴアの地元である南部のアーカンソー州とテネシー州の両方を落とす異例の結果になりました。2008年の金融危機（リーマン・ショック）の際，銀行業務と証券業務の垣根が低くなり，銀行が本業から離れて高リスクの投資に傾斜した問題が指摘されました。アメリカでは大恐慌時代に両業務の垣根を厳格に分けるグラス・スティーガル法が制定されていましたが，同法が撤廃されたのは，クリントン政権時代の1999年でした。

2．文化戦争

（1）弾劾裁判

　州知事時代の不正疑惑の捜査過程で，クリントンが女性インターンと

図表5-2　クリントン大統領と女性インターンのモニカ・ルインスキー

ホワイトハウスの中で性的行為に及んでいたとの疑惑が生じます。1998
年1月，クリントンはテレビで疑惑を否定しましたが，独立検察官の厳
しい追及の結果，「不適切な関係」を認めるに至ります。宣誓証言での
偽証が問題視され，同年末，下院で大統領を弾劾訴追する決議が可決。
翌年1月には上院で弾劾裁判が行われました。上院で弾劾裁判にかけら
れた大統領としては2人目です（1人目は1868年のアンドリュー・ジョ
ンソン大統領，3人目は2020年のドナルド・トランプ大統領＝いずれも
無罪評決）。1972年の大統領選挙の際に民主党本部の盗聴を企てた事件
（ウォーターゲート事件）をめぐり，下院の司法委員会は1974年7月に
共和党のニクソン大統領への弾劾訴追条案を可決しましたが，下院本会
議での採決を前にニクソンは辞任を余儀なくされました。

　クリントンの場合，議会の上下両院が野党共和党だったことから追及
も厳しかったですが，その模様が連日連夜報道されたこともあり，辟易
した世論からは共和党への風当たりも強まりました（ヒラリー夫人は弾
劾裁判を「保守派の謀略」と徹底抗戦）。結局，共和党の一部議員が罷
免反対票を投じたことから無罪となりましたが，民主党政権のイメージ
を低下させ，2020年秋のゴア副大統領の大統領選への逆風となりまし

た。

（2）「価値」をめぐる問題

　1980年代以降，「保守」が時代潮流となり，民主党そのものが右旋回したこともあり，民主・共和両党の政策的な差は縮まっていきます。そうした中，両党の差異を示す試金石になったのは人工妊娠中絶や同性愛といった「価値」をめぐる問題でした。そもそも，二大政党制においては取りうる政策の選択肢の幅は広くなく，それゆえ「価値」をめぐる問題がクローズアップ，ないしヒートアップされたとも言えます。

　しかし，「価値」をめぐる問題は，個々人の意味世界やアイデンティティの根幹に関わるものであり，それゆえに妥協や交渉になじみにくく，対立も先鋭化しやすい傾向があります。加えて，個人の身近な──あるいは，身体性そのものに関わる──領域が政治化すればするほど，反発も増すことになります。こうした状況が「文化戦争」（Culture Wars）と称される対立の激化を生んだのが1990年代です。

　アメリカでは1949年に連邦通信委員会（FCC）がテレビとラジオに対して，放送の公平性を担保する「公平原則（フェアネス・ドクトリン）」を導入しました。公共性の高い問題に関しては異なる見解を提示するよう定めたものです。しかし，この原則がかえって「言論の自由」を制限しているとの判断から，レーガン政権時代の1987年に廃止されます。その結果，テレビやラジオの党派化が進みました。

　加えて，1990年代には政治の世界にマーケティングの手法が積極的に用いられるようになり，大統領や連邦議員，州知事といった公職を志す者にとって，独自の世論調査チームや政治コンサルタントは不可欠の存在となりました。選挙戦では対立候補の当選がもたらす危機や恐怖を煽動する広告が増え，「価値」をめぐる問題を軸に有権者の区分けや論点

の単純化が加速しました。

　選挙戦のオペレーションが巨大化するにつれ，選挙資金集めのため大口献金を集める必要性が増し，より大企業寄りの立場を取るようになります。民主党の中道化や右旋回の背景にはこうした事情もあります。

（3）多文化主義

　クリントンがまだアーカンソー州の知事だった1990年，とある演説のなかで「1960年代が良かったと思う人。あなたはリベラルだ。とんでもない時代だったと思う人。あなたは保守だ」と述べました。あまりの簡略さに聴衆は笑っていましたが，公民権運動以降，価値の多様化を肯定的に捉えるリベラル派と否定的に捉える保守派の間で「アメリカ」そのもののあり方をめぐる議論が「文化戦争」の様相を呈するようになります。

　20世紀初頭までアメリカは「るつぼ」（メルティングポット）と称されてきました。さまざまな人種や民族が溶けて「アメリカ人」になるというビジョンです。もっとも，人種・民族の「るつぼ」といっても，溶かして均一化してしまうのであれば，結局は「同化論」の焼き直しに過ぎません。そうではなく，さまざまな人種・民族の個性から成るモザイクを積極的に肯定しようとする気運が第一次世界大戦頃から高まり，アメリカの多様性を表すのに「サラダボウル」が新しいビジョンとして国内外に流布されるようになりました。批評家ランドルフ・ボーンが唱えた「世界連邦のミニチュア」，すなわち異なる人種・民族の権利が保障された，世界の諸文化の縮図というアメリカ理解や，作家ルイス・アダミックが詩人ウォルト・ホイットマンの「多民族からなる一つの国家」（a nation of nations）を引用しながら述べた「多様性は力なり」というレトリックが広まったのもこの頃です。

　しかし，1960年代の公民権運動を経る中で，この「サラダボウル」論も社会内部の差別や抑圧の構造に対して盲目的であるとの批判がリベラル派から高まり，そうした見えない構造の是正を求め，より公正な社会を目指す機運が高まります。これが「多文化主義」（マルチカルチュラリズム）の基本的な立場です。例えば，黒人指導者ジェシー・ジャクソン師は1987年にスタンフォード大学で行った講演の中で，同大の必修科目「西洋文化」の内容がヨーロッパ中心主義に偏向していると批判しました。それを契機に，教養科目「西洋文明研究」の廃止を含む大幅なカリキュラムの改編がなされ，この論争が全米各地の大学に飛び火してゆきました。

　保守派はこうした多文化主義がアメリカ社会の統合性を瓦解し，紛争が絶えない「バルカン（半島）化」を助長すると激しく反発します。例えば，哲学者アラン・ブルームは『アメリカン・マインドの終焉』（1987）において，スタンフォード大学の動きとは逆に，むしろアメリカの高等教育におけるギリシャ・ローマの古典をより重視するべきだと説きました。

　人種，性別，性的指向，身体性などによる特定集団への差別を含意するとされる言葉の使用をめぐる議論，いわゆる「PC（ポリティカル・コレクトネス）論争」が全米を席巻するようになったのも1990年代です。言論表現への意識を高めることによって，政治的・社会的不公正の再生産を断ち切ろうとする狙いですが，その是非をめぐっては今日でも論争が続いています。

3. アメリカ一極体制

（1）経済外交

　経済再建がクリントン政権の最優先課題であったことは，政権一期目

の1993年に行った大統領就任演説にも如実に見て取れます。4200語に及ぶ演説全体のなかで，外交への言及はわずか141語しかありませんでした。冷戦が終結し，ソ連が崩壊したこともあり，外交の主眼は経済関係の拡大・拡張に置かれました。政権発足にあたり，アンソニー・レーク大統領補佐官は次のように述べています。「冷戦期を通じて，我々は市場民主主義諸国への世界的脅威を封じ込めていた。今や我々は，とりわけ米国にとって特別に重要な意味をもつ地域で市場民主主義の普及・拡大を図るべきである。封じ込め理論のあとを担うものは，拡大戦略，すなわち，市場民主主義諸国からなる世界の自由なコミュニティを広げるための戦略でなければならない」。

　この拡大戦略のもと，クリントンは，議会内の反共強硬派や人権派からの批判を浴びつつも，中国への最恵国待遇更新（1993年）や中国の世界貿易機関（WTO）加盟の承認（1999年）など，天安門事件（1989年）以来の対中制裁を大幅に緩和し，関与政策を推し進めます。ベトナム戦争の戦闘終結から20年たった1995年には，ベトナムへの進出を企図する産業界の圧力を背景に，ベトナムとの国交回復に踏み切ります。加えて，アジア太平洋経済協力会議（APEC）への積極姿勢や北米自由貿易協定（NAFTA）の推進など，前政権に引き続き，大規模な新興成長市場における地域経済協力を模索しました。

　経済のグローバル化は，通常，外国の安い商品がアメリカ国内に流入する一方，海外の安い賃金等を求めて工場が海外に移転するため，労働者から強い反発があります。とりわけ労働組合を支持基盤とする民主党は国内産業保護の観点から経済のグローバル化には後ろ向きでした。クリントン政権の方針はその意味では大きな転換を意味しました。

（2）関与の拡大

　もっとも，こうした点はクリントンが経済外交以外に無関心であった
ことを意味しません。むしろ，冷戦後の「唯一の超大国」として，アメ
リカは好むと好まざるに関わらず，国際問題への関与を余儀なくされま
した。アメリカ一国で解決できる国際問題が少ないのと同様に，アメリ
カなしに解決できる国際問題もまた少なかったのです。

　冷戦構造の崩壊とともに民族紛争が顕在化すると，クリントンはソマ
リア，ルワンダ，ボスニア，ヘルツェゴビナ，コソボ，ハイチなどへ派
兵します。また，国連の査察を妨害してきたサダム・フセイン大統領率
いるイラクへの空爆も行いました。北アイルランド和平や中東和平では
調停者の役割を果たし，ハンガリー，チェコ，ポーランドの北大西洋条
約機構（NATO）への新規加入にも尽力しました。2000年には，オルブ
ライト国務長官を北朝鮮に派遣し，米朝和解への意思も示しています。
同盟関係の強化や自由貿易協定の拡大も含め，グローバル化の時代に
あって，国際的相互依存の度合いは確実に増しました。

　しかし，こうした取り組みは必ずしも功を奏しませんでした。1993年
9月にはイスラエルのイツハク・ラビン首相とパレスチナ解放機構
（PLO）のヤセル・アラファト議長を仲介し，パレスチナ暫定自治協定
の合意を実現しましたが，1995年11月にはラビンが暗殺され，イスラエ

図表 5 - 3　パレスチナ暫定自治協定の調印式（ホワイトハウス）

ルでは右派のベンヤミン・ネタニヤフ政権が誕生。合意は頓挫します。

ソマリアでは米兵18人が犠牲になったことから，米軍は撤退。アメリカ世論が対外介入に消極的になったことで，ルワンダで起きた大量虐殺への介入が後手に回り，被害が拡大してしまいました。

国際原子力機関（IAEA）の査察を拒み，1993年に核拡散防止条約（NPT）から脱退した北朝鮮に対し，アメリカが経済制裁を発動したことで両国間の関係は緊張します。クリントンはジミー・カーター元大統

図表 5 - 4　北朝鮮・寧辺核施設

領を特使として派遣し，北朝鮮は核開発を凍結する代わりにエネルギーの供給を受けることで合意。2000年10月にはマデレーン・オルブライト国務長官が北朝鮮を訪問し，金正日総書記と会談し，両国間の関係改善を期待するクリントンの親書を手渡しました。しかし，北朝鮮はその後も核開発を進めています。

（3）ハイパーパワー

こうした個別の案件とは別にアメリカは「唯一の超大国」ゆえの問題にも直面するようになります。

ソ連崩壊後，自由市場や民主主義がグローバルな規模で拡大しはじめます。冷戦時代の対立構造から解き放たれ，IT革命が牽引する楽観的な未来像が盛んに語られた時代でもありました。しかし，それはアメリカがハードパワー（軍事力や経済力）とソフトパワー（文化やメディアの力）の双方において圧倒的な影響力を有した時代でもありました。

「世界標準（グローバル・スタンダード）」が盛んに叫ばれる一方，それは結局，アメリカ標準（アメリカン・スタンダード）に過ぎないのではないか。すなわち，「グローバル化」とは「アメリカ化」であり，「国際社会」とは「アメリカ中心の世界」に過ぎないのではないか。世界各地でアメリカ一極体制への懸念や反発が高まります。フランスのユベール・ベドリヌ外相は，当時，冷戦終結後のアメリカは「スーパーパワー（超大国）」のさらに上をゆく「ハイパーパワー」だと皮肉りました。

　そうした中，1993年 2 月にはニューヨークのマンハッタンにある世界貿易センタービルの地下駐車場で爆破事件が発生し，7 人が死亡，1000人近くが負傷します。犯行はイスラム原理主義テロ組織「アルカイダ」らによるもので，そのリーダーであるウサマ・ビンラディンはサウジアラビア出身の大富豪で，西洋文明やアメリカの中東政策への敵意から，1989年にアルカイダを結成しました。ソマリアではアメリカ相手に抗戦した武装勢力を支援し，1998年 8 月にはケニアとタンザニアでアメリカ大使館同時爆破テロを実行していました。

　1996年，著名な国際政治学者サミュエル・ハンティントンは『文明の衝突』と題する著書を刊行し，未来の戦争は国家間ではなく文明間で起きると論じました。世界を西欧文明圏，ラテンアメリカ文明圏，イスラム文明圏，中国文明圏，ヒンドゥー文明圏，ギリシア―ロシア正教文明圏，日本文明圏，アフリカ文明圏に分け，とりわけ西欧文明圏とイスラム文明圏の間の対立の可能性を強く示唆しました。それはハンティントンの教え子であるフランシス・フクヤマが『歴史の終わり』の中で提示した楽観的な未来ビジョンへの反論でもありました。

参考文献

古矢旬『グローバル時代のアメリカ』岩波新書，2020
西川賢『ビル・クリントン』中公新書，2016
渡辺靖『アフター・アメリカ』慶應義塾大学出版会，2004
サミュエル・ハンチントン（鈴木主悦 訳）『文明の衝突』集英社，1998

6 | アメリカ社会の運動律⑥ : 2000年代

《**目標＆ポイント**》 同時多発テロ（2001年）やリーマン・ショック（2008年）などの危機を手掛かりに2000年代のアメリカを検討する。
《**キーワード**》 反米主義，対テロ戦争，新自由主義

1. 反米主義

（1） 同時多発テロ事件

　2000年の大統領選挙ではブッシュ元大統領の息子でテキサス州知事のジョージ・W・ブッシュ（共和党）が勝利しました。しかし，一般得票数では民主党候補だったアル・ゴア副大統領を50万票ほど下回り，選挙人投票で辛うじて上回るという結果でした。特に最激戦州となったフロリダ州では票の数え直しや法廷闘争にまで発展し，実際に決着するまで1か月を要しました。投開票作業が混乱を極めたこと，有権者の票ではなく連邦最高裁（司法府）がホワイトハウス（行政府）のトップを事実上決める格好になったこと，民主・共和両党支持者の感情的もつれが深まったこと，など様々な懸念を呼び起こした大統領選でした。

　就任から約8か月が過ぎた2001年9月11日，アメリカ国内線の民間航空機4機がほぼ同時にハイジャックされ，ニューヨークの世界貿易センターや国防省ビルなど，米国の経済や軍事を象徴する建物に相次いで突入する自爆テロが発生します。日本人24人を含む約3000人が死亡する大

図表6-1　炎上する世界貿易センタービル

Michael Foran, CC BY 2.0〈https://creativecommons.org/licenses/by/2.0〉,
ウィキメディア・コモンズ経由で

図表6-2　大統領専用機内でチェイニー副大統領との連絡を
行うブッシュ大統領

惨事となります。

　事件発生当時，ブッシュはフロリダ州の小学校の授業を視察中でした
が，終了後，直ちに非常事態宣言を発令。ウサマ・ビンラディン率いる
イスラム原理主義テロ組織「アルカイダ」による犯行であると特定しま
した。ビンラディンは，当初，事件への関与を否定していましたが，
2004年には一転して公に認めています。

アメリカ本土が攻撃されたのは米英戦争（1812年）以来ということもあり，アメリカ人の衝撃は大きく，愛国心が高まり，いたるところで国旗が掲揚され，「USA! USA!」と連呼する場面が増えました。事件直前のブッシュの支持率は50％前後でしたが，事件直後には40ポイント近く跳ね上がりました。国家的危機の際に政治指導者のもとに民意が集う「旗下結集効果」の典型です。

その一方，イスラム教徒や中東系の住民に対するハラスメントやヘイトクライム（憎悪犯罪）も深刻化します。また，テロに怯まず日常の生活を貫く姿勢が奨励された半面，文化芸術・スポーツなどの興行自粛も広がりました。ジョン・レノンの「イマジン」やサイモン＆ガーファンクルの「明日に架ける橋」などの放送を自粛するラジオ局も現れたほどです。市民的自由を重んじるアメリカでは極めて稀な現象です。

（2）反米主義の要因

ブッシュは，事件直後から，テロはあくまで自由や民主主義という価値を憎む少数の敵によってもたらされたものであり，アメリカの価値が正しく理解されれば，大多数は親米になるとの見解を繰り返しました。しかし，歴史を振り返ってみれば，アメリカには常に批判的なまなざしが向けられていたことも事実です。

それを敢えて「反米主義」と称するならば，主に構造的要因と政策的要因が挙げられます。構造的要因については，アメリカが政治・経済・軍事・文化の面で非対称的なパワーを有していること，アメリカが世俗化・近代化・西洋化・グローバリズム・市場主義の象徴的存在であることなどが挙げられます（ただし，世俗化と近代化に関しては，逆に，キリスト教原理主義の影響力が大きく，死刑制度や銃所有制度の廃止に消極的なアメリカの保守性を嫌悪する向きもある）。これらの点が，一方

でアメリカへの憧憬を誘いながらも，他方でアメリカへの嫉妬や憎悪を助長することになります。左派にとって，アメリカは資本家による労働者搾取や帝国的覇権主義の象徴であり，右派にとって，アメリカの多民族制や平等主義は堕落の象徴に映ります。

　しかし，反米主義には政策的要因も大きく，特にアメリカの二重基準（ダブルスタンダード）に対する反発がしばしば指摘されます。同時多発テロ事件が悲惨極まりない事件であったことは多言を要しません。しかし，そのちょうど28年前の1973年の９月11日にチリで起きた軍事クーデター（サルバドール・アレンデ大統領率いる社会主義政権が，アメリカの支援を受けた軍部によって転覆され，アレンデが暗殺された事件）が想起されるとき，同時多発テロ事件の悲しみのなかにも，アメリカの二重基準が深い影をもたらすことになります。理念（言葉）と実体（行動）が乖離していると受け止められるとき，崇高な理念はプロパガンダないしインドクトリネーション（教化）に過ぎなくなります。

　もちろん，その一方，近代化やグローバル化にうまく対応できない社会が，ナショナリズム（民族・国家主義）やリージョナリズム（地域主義）を喚起し，社会内部の矛盾や不平を隠蔽する口実として，反米の旗印を揚げることも少なくありません。

（3）「マディソン街の女王」

　実は，ブッシュは選挙戦の最中，「アメリカは世界に対してより謙虚であるべきだ」と主張し，クリントン政権による世界各地の紛争への積極介入を批判していました。しかし，新政権発足後，その「謙虚であるべき」外交スタンスは，孤立主義や単独行動主義へと政策的に翻訳され，京都議定書や対人地雷全面禁止条約からの離脱，包括的核実験禁止条約（CTBT）の批准放棄，国際刑事裁判所（ICC）の署名撤回などを

進めます。その結果，同時多発テロ事件以前から，世界各地でアメリカへの反発が高まっていました。

　そこでブッシュ政権が白羽の矢を立てたのは大手広告会社の会長兼CEO（最高経営責任者）を務めたシャーロット・ビアーズという女性でした。彼女はビジネススクールの教科書にも登場する「ブランド戦略」の達人で，「マディソン街の女王」の異名を誇っていました（ニューヨークのマディソン街は，広告代理店が多く集まっていることで知られています）。

　ビアーズが正式に着任したのはテロ事件から3週間後ですが，彼女はテロリストの摘発を目的とした「正義の懸賞金キャンペーン」を打ち上げるとともに，対イスラム圏向けの「共通の価値観キャンペーン」に約1000万ドルを投じました。「共通の価値観キャンペーン」はアメリカがイスラム教を敵視していないことを示そうとしたもので，イスラム系アメリカ人の生活をテレビ広告や小冊子を通して描き出しました。

　しかし，このキャンペーンには，イスラム諸国から「プロパガンダ」との反発が相次ぎ，広告放映をボイコットする地元テレビ局も少なくありませんでした。イスラム諸国の人びとは必ずしもアメリカの価値観を否定しているわけではなく，むしろそうした価値観を共有させないような敵対的・差別的なアメリカの外交政策を批判していたからです。また，このキャンペーンは，情報の受け手となるオーディエンスへの理解を欠いていたばかりではなく，アメリカのイスラム系市民を取り巻く「負の現実」が隠蔽されているとして情報の送り手であるアメリカ国内からも物議が醸されました。

　テロ事件の翌日，ブッシュはただちに声明を発表し，イスラム教徒や中東系の住民に対するハラスメントやヘイトクライムに対して警笛を鳴らしていました。しかし，当初，イラク戦争を「十字軍」に喩えるな

ど，大統領自ら彼らの感情を逆なでする発言もありました。

2. 対テロ戦争

（1）安保保守の台頭

　テロ事件後，ブッシュ政権はアルカイダが潜伏するアフガニスタンのタリバン政権に実行犯の引き渡しを要求します。しかし，タリバンが証拠不十分だとしてこれを拒否したことから，アメリカはイギリス，フランス，ドイツ，カナダなどと有志連合を組み，「不朽の自由作戦」を策定。2001年10月7日から集団的自衛権の発動による空爆を開始し，11月13日には首都カブールを制圧します。

　この作戦の短期間での成功を契機に，政権内では安保保守派が台頭します。国内世論の後押しも受けながら，政権全体が急速に右旋回してゆきます。そこにはネオコン（ネオコンサーバティブ）やリベラルホーク（ホークはタカ派の意）と称される，リベラル派の介入主義者の一部も加わりました。彼らは，本来，民主党を主たる基盤としていましたが，反戦平和を訴える党内左派に幻滅し，外交安保に関しては強硬路線を支持します。すなわち，「自由」や「民主主義」を世界に拡大する手段として軍事力の行使も厭わないという立場です。孤立主義と介入主義は，一見，正反対ですが，国際的枠組みへの消極姿勢，つまり単独行動主義も辞さないという点では共通しています。

　ブッシュはカブール制圧の約2か月後に行った一般教書演説（施政方針演説）において，テロ支援と核開発の疑惑があるイラク，イラン，北朝鮮の3か国を「悪の枢軸」と名指しし，「アメリカの防衛のためには予防的な措置と時には先制攻撃が必要」として推進する方針を決めました。

（2）イラク戦争

　ブッシュ政権がとりわけ問題視したのはイラクでした。イラクが大量
破壊兵器を隠し持っていると主張し，圧力を強化。2003年 2 月の国連安
全保障理事会において，コリン・パウエル国務長官は複数のインテリ
ジェンス情報を開示しながら，イラクが安保理決議に対して「重大な違
反」を続けていると訴えました。しかし，決定的な証拠はなく，さまざ
まな状況証拠をつなぎ合わせたものでした。かつて，ケネディ大統領が
フランスのシャルル・ド・ゴール大統領にキューバ危機に関する証拠写
真を見せようとした際，ド・ゴールは「写真など不要です。アメリカの
大統領が『証拠がある』と言うのであれば，私はそれを信じます」と述
べました。しかし，イラク問題をめぐってはそうした国際的信用を勝ち
得ることはできませんでした。アフガン攻撃時とは異なり，主要国の態
度は分かれ，日本やイギリス，オーストラリア，ポーランド，イタリ
ア，スペインなどがアメリカを支持する一方，ドイツやフランス，ロシ
ア，中国は反対しました。

　その結果，ブッシュ政権は明確な国連決議を欠いたまま，有志連合に
よる行動に踏み切らざるを得ませんでした。ブッシュは2003年 3 月17日

図表 6 - 3　引きずり倒されるイラクのサダム・フセイン大統領の像

に全米向けテレビ演説を行い，同月20日に「イラクの自由作戦」と称する軍事行動に踏み切りました。同年5月には「大規模戦闘終結宣言」を発出しましたが，治安は一向に安定せず，その後も戦闘は継続します。2004年10月にはアメリカ政府の調査団が「開戦時にイラクは国内に大量破壊兵器を保有しておらず，その計画もなかった」とする報告書を米議会に提出します。さらに，2006年には議会上院の情報特別委員会が「旧フセイン政権とアルカイダの関係を裏付ける証拠はない」との報告書を公表し，イラク戦争の大義は大きく揺らぎました。

（3）「テロとの戦い」

　同時多発テロ事件の衝撃を受けて，「テロとの戦い（War on Terror）」という表現が金科玉条の響きを持つに至ります。空港でのセキュリティ検査は格段に厳しくなり，それまで自由に出入りできた大学などでも身元チェックが求められる場面が増えました。加えて，都市部のみならず，農村部などでもテロへの警戒を呼びかける看板が目立つようになりました。車高が高く頑強なSUV車（スポーツ用多目的車，起源は軍事ジープ）を運転して子供をサッカーの練習場に連れて行くような「サッカー・ママ」や，テロ事件を契機に家族の安全を最優先するようになった「セキュリティ・ママ」の存在が注目されたのもこの頃です。

　テロ直後の2001年10月には外国人や移民についての情報収集規制の緩和など，監視のための体制づくりを定めた「愛国法」が制定され，市民的自由への侵害が懸念されました。そもそも「テロ」という言葉は拡大解釈が可能なこともあり，「テロとの戦い」にも際限がなく，アメリカがいわば恒久的な戦時体制の中に入ったとも言えます。

　とりわけ，イラク戦争ではメソポタミア文明の古代遺跡が数多く破壊されたことから，戦時下における文化財保護を規定したハーグ条約に加

盟していないアメリカへの風当たりも強まりました。さらには，CIA が
世界各地に設置していたテロ容疑者の秘密収容所「ブラックサイト」の
存在発覚，キューバのグアンタナモ米海軍基地の収容施設などにおける
テロ容疑者への虐待行為，アメリカの民間軍事会社ブラックウォーター
USA の傭兵によるイラク人射殺事件なども大きく報じられました。テ
ロの目的が相手を恐怖に陥らせ，相手が自らの活動を萎縮し，拠って立
つ規範や価値を毀損することだとすれば，アメリカがまさにテロリスト
の思惑に嵌ってしまった面も否定できません。

3．新自由主義

(1)「オーナーシップ社会」

　ところで，ブッシュが掲げた概念の一つに「オーナーシップ社会」が
あります。政府や企業の負担を軽減し，個人の責任や判断で資産を運用
し，住宅や医療，年金を所有するという構想を指します。まさしく，個
人の自立や自助努力，すなわちセルフ・ガバナンス（自己統治）を重ん
じる「保守」の立場であり，市場競争力や効率性を「正義」とみなす新
自由主義（ネオリベラリズム）の考えに連なるものです。

　アメリカでは1990年代後半から IT 革命による産業構造や報酬体系の
変化が生じ，企業はより短期の利益を追求するようになり，リストラが
加速します。加えて，ブッシュ政権の富裕層向け減税によって，ほんの
一握りの富裕層への富の集中がますます顕著になりました。CEO と一
般労働者との給与格差も急拡大し，1965年には約20倍だったその差は
1995年には約120倍，ブッシュ政権 2 期目の2007年には約350倍に達しま
した（Economic Policy Institute, August 14, 2019）。

　市場競争の激化に伴い高学歴化も進み，高卒では正規雇用に就くのは
極めて難しくなり，プロフェッショナルな職業では修士号以上の学位が

一般的になりました。ちなみに，アメリカの大学では，学費が1980年代から平均所得の20倍近いペースで高騰し続けていましたが，2000年代に入ってからその傾向はより顕著になっています。大学間の競争を勝ち抜くために最新の施設を整え，有力教授を引き抜き，優秀な学生を国内外からリクルートするためのコストが学費に転嫁されるからです。

（2）ハリケーン・カトリーナ

2004年の大統領選でブッシュは再選を果たし，連邦議会の上下両院も共和党が多数派を維持しました。1995年1月以降，2001年1月からの2年間こそ民主党に上院を奪還されたものの，改めて共和党の優勢が浮き彫りになり，このまま共和党がホワイトハウスと議会を恒久支配するのではとの声も聞かれるほどでした。まさにレーガン時代以来の保守＝共和党の黄金時代とも言える状況でした。

しかし，2期目のブッシュ政権は一気に勢いを失います。その最初の大きな契機は2005年8月末にアメリカ南東部を襲い，1800人以上の犠牲者を出した過去最大級のハリケーン「カトリーナ」の襲来でした。最も被害が甚大だったニューオーリンズのあるルイジアナ州は，個人所得額が全米で最も低い州の一つで，保険加入者も少なく，自力復興の力に欠けていました。ハリケーン襲来の警告を受け，避難命令を受けたものの，逃げ出すための金や車がなかった者。せっかく購入した家財道具が略奪されるのを恐れて自宅に残った者。食料も水もなかったため，生き延びるためにスーパーマーケットを略

図表6-4　水没するニューオーリンズの街

奪せざるを得なかった者。保険に加入できずに——あるいは保険金の支払いの滞りのあおりを受けて——路上生活を余儀なくされた者。連邦政府が1世帯あたり2000ドルの生活支援金を振り込もうとするも，銀行口座そのものを持っていなかった者。世界で最も裕福な国の一つであるアメリカとは思えない格差社会の現実——とりわけ黒人貧困層の存在やその背後に潜む人種差別の問題——が露わになりました。

　ルイジアナ州は州兵を総動員して救急対応と復興にあたりました。しかし，当時，同州の州兵の3分の1にあたる3000人がイラクに派遣されていました。加えて，イラク戦費増大のあおりを受け，連邦政府のハリケーン対策予算も逼迫していました。大統領直轄の独立機関として国内外で高い評価を得ていた連邦緊急事態管理局（FEMA）は，2003年，テロ対策を主眼に設立された国土安全保障省の下部機関に格下げされ，予算・人員ともに削減，上層部も含め，多くの災害対策専門家たちが離職していました。

　「オーナーシップ社会」の本質は弱者切り捨てにあるのではないか。「小さな政府」の本質は政府の責任放棄なのではないか。こうした批判に輪をかけたのがブッシュの危機対応でした。8月27日にブッシュはルイジアナ州に連邦非常事態宣言を発令しましたが，夏休みを切り上げてエアフォースワン（大統領専用機）から被災地を上空視察したのは31日。現地視察に訪れたのは9月2日でした。同時多発テロ直後には90％近かった支持率は40％前後にまで下落し，2006年秋の中間選挙で共和党は議会の上下両院で敗北を喫しました。

（3）世界金融危機

　ブッシュの任期も残り半年となった2008年9月，大手投資銀行リーマン・ブラザーズが経営破綻に陥ります。2007年の住宅バブル崩壊を契機

に低所得者向け高金利型（サブプライム）住宅ローンが焦げ付き，信用不安が生じたことが原因で，負債総額約6000億ドルというアメリカ史上最大の企業倒産となりました。大手金融機関の経営危機が連鎖し，世界的な株価暴落，金融不安，同時不況へと繋がりました。日本では「リーマン・ショック」と呼ばれていますが，海外では「世界金融危機」という呼称が一般的です。

　同年10月，アメリカ議会は金融機関が「大きすぎて潰せない」との判断から最大約7000億ドルの公的資金を投入し，金融機関の不良資産を買い取る法案（緊急経済安定化法案）を可決。喫緊の危機はひとまず回避しました。しかし，実は，この法案は下院で一度否決されています。「破綻した企業は市場から退場するのが資本主義のルールであり，特定の金融機関のみ救済するのは市場を歪めるのではないか」「巨額の報酬を得てきた大手金融機関の経営者が誰一人罰せられることないまま，なぜ庶民の税金で救済しなければならないのか」などの批判がその理由です。結果的に顧客の預金保護枠の拡大や経営者の報酬制限などを盛り込んだ修正案で合意に至りましたが，「オーナーシップ社会」や「小さな政府」の矛盾が改めて露呈する格好となりました。アフガンやイラクの

図表 6 - 5 　次の大統領候補だったバラク・オバマとジョン・マケインも出席した2008年 9 月25日の緊急経済安定化法案の審議

状況も泥沼化し，ブッシュの支持率は25％前後にまで落ち込みます。

　当時，大統領選が佳境を迎えており，共和党のジョン・マケイン上院議員と民主党のバラク・オバマ上院議員の支持率が拮抗していました。マケインはベトナム戦争の英雄であり，オバマにはアメリカ史上初の黒人大統領誕生の期待が高まっていました。しかし，リーマン・ショックは共和党への大きな逆風となりました。

参考文献

ジョセフ・ナイ（藤井清美 訳）『大統領のリーダーシップ』東洋経済新報社，2014
古矢旬『グローバル時代のアメリカ』岩波新書，2020
ジョン・ダワー（三浦陽一ほか 訳）『戦争の文化』（上・下）岩波新書，2021
千々和泰明『戦争はいかに終結したか』中公新書，2021
櫻川昌哉『バブルの経済理論』日本経済新聞出版，2021

7 | アメリカ社会の運動律⑦
：2010年代

《**目標＆ポイント**》　オバマ大統領からトランプ大統領へと振り子が大きく振れた2010年代のアメリカを再訪する。
《**キーワード**》　オバマ旋風，トランプ旋風，ポピュリズム

1．オバマ旋風

（1）「一つのアメリカ」

　2008年の大統領選で勝利したバラク・オバマが最初に全米の注目を集めたのは2004年の民主党大会でした。民主党の大統領候補だったジョン・ケリー上院議員の応援演説で「ここにあるのは，リベラルや保守のアメリカではなく，アメリカ合衆国なのです」「ここにあるのは，黒人や白人，ラティーノ（ラテン系），アジア系のアメリカではなく，アメリカ合衆国なのです」と国民の和合を訴えたのが契機でした。瞬く間にオバマは希望のアイコンとなり，閉塞感に満ちた世論は，過剰なまでの期待を彼に託しました。

　オバマは白人の母とケニア出身の黒人の間に生まれ，少年時代をインドネシアやハワイで過ごしました。アメリカ本土で生活し始めたのは大学生になってからでした。オバマ自身，自らを「黒人」と認識しており，アメリカ史上初の黒人大統領として話題になりましたが，多文化時代のアメリカを象徴する初の指導者でもありました。就任当時47歳とい

う若さに加え，複雑な自我の葛藤を経てきたオバマの生き様も若い世代
やマイノリティを中心に共感を呼びました。

　もう一つ興味深い点は国政経験が短く，いわばワシントン政界のアウ
トサイダー同然だった点です。確かに2004年の選挙で連邦上院議員に選
出されていましたが，そのわずか 2 年後には大統領選への出馬を表明し
ています。レーガン，クリントン，ブッシュ（子）はいずれも前職が州
知事で，国政経験が皆無だった点を考えると，アウトサイダーであるこ
とがむしろ有利に働くとの見方もできます。党派対立や利益団体とのし
がらみが少ない候補への期待が高く，言い換えれば，アメリカの有権者
はそれほど中央政界への不信を強めているということです。オバマをス
ターダムに押し上げたアメリカ社会の根底に鬱積する閉塞感は重要で
す。日本でもオバマは人気を博し，評伝や演説集が相次いで出版されま
した。

（2）オバマケア

　2008年の選挙では民主党が，1994年以来，久しぶりに議会上下両院の
多数派を奪還しました。この有利な政治環境を活かし，オバマは最大の
選挙公約だった医療保険制度の改革に着手します。選挙戦で「一つのア
メリカ」という超党派の姿勢を強調したこともあり，共和党との妥協を
模索しますが，連邦政府主導で同制度の改革を行うことへの反発は凄ま
じく，当初の案からかなり後退せざるを得ませんでした。そのことが，
逆に，民主党内の一部から反発を招き，オバマは保守派から「独裁者」，
リベラル派から「弱腰」と批判され，党派対立により一層拍車をかける
結果になりました。中道的な姿勢が左右双方の不満を招き，かえって亀
裂を深めるという逆説の典型です。

　加えて，オバマ政権は世界金融危機への対応にも追われ，約9000億ド

図表 7 - 1 　ティーパーティー運動のデモ

ル規模の大型景気刺激策や，自動車産業や金融機関への救済措置を打ち
出します。しかし，保守派はこうした対応についても「大きな政府」に
よる過剰介入と猛反発。2009年2月頃から全米各地で保守派による
「ティーパーティー（茶会）」運動と称する抗議デモが広がります。
「ティーパーティー」の名称は植民地時代のボストン茶会事件に由来し
ます。

　就任当時は約65％の高支持率を誇ったオバマですが，2010年の夏には
不支持が支持を上回り，同年秋の中間選挙で民主党は下院の多数派を失
います。支持と不支持がほぼ並んだ2012年の大統領選でオバマは再選を
果たしますが，2014年の夏には不支持が支持を10ポイントほど上回るよ
うになり，同年秋の中間選挙でついに上院も共和党に奪還されてしまい
ます。その結果，民意を二分するような大きな法案を通すことはほぼ絶
望的となり，大統領令や拒否権を多く駆使するほかなくなりました。

（3）「アメリカはもはや世界の警察官ではない」
　2014年の中間選挙の敗因の一つにシリア政府による化学兵器使用問題

に関するオバマの対応が挙げられます。2012年の大統領選の際，「化学
兵器の使用は超えてはならない一線（レッドライン）」であると武力行
使の基準を明言したにもかかわらず，翌年9月には「シリアへの攻撃の
判断は議会に委ねる」と変節。民主主義を重視しているようにも聞こえ
ますが，大統領＝最高司令官としての資質に疑問を投げかけました。

　また，オバマは「アメリカはもはや世界の警察官ではない」とも述べ
ました。新興国が台頭し，国際社会がより相互依存性を高めていること
を考えれば，妥当な現状認識のようにも聞こえますが，アメリカの指導
力の翳りを印象付ける格好にもなりました。2014年3月にロシアのウラ
ジーミル・プーチン大統領はウクライナのクリミア半島の武力併合に踏
み切りますが，その一因としてアメリカが介入しないだろうとの読みが
あったとされています。

　ただし，「世界の警察官ではない」ことは必ずしも孤立主義と同義と
は限りません。実際，2014年の中間選挙後は，内政のレイムダック（死
に体）化が明確になった点にくわえ，もはや選挙を気にする必要がなく
なったことから，自らが正しいと信じる外交課題に積極的に取り組むよ
うになります。

　2015年7月には過去半世紀以上にわたって経済制裁を課してきた
キューバとの国交正常化交渉を発表するとともに，イギリス，フラン
ス，ロシア，中国，イランとの間でイランの核兵器開発を大幅に制限す

図表 7-2　包括的共同行動計画の合意を発表する関係者

図表 7-3　日米両首脳による広島訪問

る「包括的共同行動計画」（JCPOA）の合意（イラン核合意）をまとめ
ました。同年10月には環太平洋経済連携（TPP）協定の大筋合意を主導
し，同年12月には気候変動に関するパリ協定の採択を実現させます。
2016年5月には現職のアメリカ大統領として初めて被爆地・広島を訪問
しました。

　これらに共通するのは，旧来の敵国との関係改善も含め，核や環境な
どグローバルな問題に対して，他国や国際機関との協調を通して解決を
探る姿勢です。つまり，国際協調を牽引することでアメリカの指導力や
存在感を発揮しようとしたわけです。

　また，オバマ自身，軍事力の行使に慎重だったものの，いわゆる反戦
平和主義者ではありませんでした。大統領就任直後の2009年4月にプラ
ハ（チェコ）で行った演説では「核兵器を使用したことがある唯一の核
保有国として，アメリカには行動する道義的な責任がある」と「核なき
世界」を訴えましたが，同年12月にオスロ（ノルウェー）で行ったノー

ベル平和賞受賞演説では「世界には悪は存在する」「人道的見地に基づく武力行使は正当化され得る」と正戦論を展開しました。オスロ演説の直前にはアフガニスタンへの増派を表明し，2011年 5 月には海軍特殊部隊にビンラディンを殺害する急襲作戦を命令し，成功させています。

2．トランプ旋風

（1）究極のアウトサイダー

　オバマ時代が「保守」から「リベラル」への政治潮流の変わり目だったか否かは，未来の歴史家の判断を委ねることになります。ルーズベルト大統領に始まるリベラルの時代が半世紀続いたのに対し，レーガン大統領に始まる保守の時代は（オバマの任期終了時点で）まだ30年余りに過ぎませんでした。クリントン時代と同じく，オバマ時代も大きな保守潮流のなかにおける「逸脱」ないし「例外」として位置づけられる可能性もあります。

　しかし，ドナルド・トランプ大統領を誕生させた2016年の大統領選はこれまでとは異なる政治潮流を示唆しているのかもしれません。トランプは，アメリカ史上，選挙で選ばれる公職や軍幹部のいずれの経験もない初の大統領でした。むしろ大富豪（不動産王）ないしテレビの人気リアリティ番組のホストとして広く知られていた人物です。いわばワシントン政治に対する究極のアウトサイダーでした。

　そればかりか，選挙期間中からヒスパニック（中南米）系や女性などに対する侮蔑的言動を繰り返します。しかし，そうした政治的タブーにこだわらない姿勢が一部の有権者の歓心を買い，当初の異端ないし泡沫扱いから一気に共和党の指名獲得競争の主役に躍り出ます。とりわけ，共和党の主流派（エスタブリッシュメント，エリート）が推し進めてきた移民受け入れ拡大，自由貿易，対外介入などを「グローバリズム」と

一蹴し，アメリカの国益が損なわれてきたと主張することで，社会の中で疎外感を抱いていた白人や労働者層（「忘れられた人々」）から強い支持を得ます。候補者が多く乱立し，トランプへの対抗馬を一本化できなかったこともあり，結果的に党内の指名獲得を勝ち取りました。

　本選挙では民主党のヒラリー・クリントン候補と対峙します。ヒラリーはクリントン大統領のファーストレディであり，連邦上院議員や国務長官などを歴任した，まさにワシントン政治を熟知した大物です。多くの専門家がアメリカ史上初の女性大統領の誕生を信じて疑いませんでした。しかし，かつてクリントン政権下で国民皆保険制度の導入を主導した点など，共和党内にはヒラリーに対する積年のアレルギーがありました。加えて，白人労働者などの投票率が上昇したこともあり，トランプ勝利という番狂わせが起きました。

（2）「アメリカ・ファースト」

　トランプが選挙中から用いたスローガンに「アメリカを再び偉大にする」（Make America Great Again）と「アメリカ・ファースト」（アメリカ第一（主義））があります。その根底にあるのはアメリカがグローバリズムの犠牲になっているとする強烈な被害者ナショナリズムです。2017年1月の就任演説では「アメリカの殺戮はたった今ここで終わる」，2018年9月の国連総会では「グローバリズムを拒否し，愛国主義の精神を尊重する」と言明しました。

　その主張はメキシコ国境の「壁」建設，イスラム圏からの入国制限，TPPからの離脱などに具体化されました。アメリカに「ただ乗り」しているとしてNATOや同盟国を批判し，防衛費の大幅負担増を要求しました。また，ロシアに対して寛大な言動が目立ったのに加え，北朝鮮の核ミサイル開発をめぐり金正恩・朝鮮労働党総書記とアメリカ大統領

**図表 7 - 4　シンガポールで行われた初の米朝首脳会談（左：金正恩
総書記，右：トランプ大統領，2018年 6 月）**

として初の首脳会談に応じました。これらについては共和党内からも危
惧する声が上がりました。その一方，共和党の従来からの主張と重なる
ものとして，パリ協定からの離脱やイラン核合意の破棄のみならず，エ
ルサレムをイスラエルの首都と認定し，中国への制裁関税の発動などに
も踏み込みました。

　こうした一連の政策が「アメリカ・ファースト」のもとに位置づけら
れたわけですが，それはオバマ政権の方針を次々と覆すものでもありま
した。例えば，オバマ政権は北朝鮮に対して「戦略的忍耐」──北朝鮮
が前向きな行動を示さない限り交渉に応じない姿勢──を貫きました。
しかし，結果的に，没交渉の間に北朝鮮が核ミサイル開発を進めたとの
批判は少なくありません。中国に関しても，すでにオバマ政権 1 期目の
2010年頃から中国の海洋進出を巡る両国間の対立が顕在化。習近平が中
国共産党の総書記に就いた2012年以降は改革開放路線の転換や巨大経済
圏構想「一帯一路」に対する懸念が高まっていました。オバマが民主党
内の反対を押し切る形で TPP を推進した背景には対中抑止としての狙
いもありましたが，その一方，気候変動に関するパリ協定締結を重視す

る立場から中国に歩み寄り，結果的に，中国の勢力拡大を許したとの批判もあります。これらの観点から，オバマ時代を否定したトランプ外交を評価する向きもあります。

（3）最高裁の保守化

　内政に関して，トランプはこれまでの共和党政権同様，規制緩和や減税を重視しました。2017年12月には10年間で１兆4560億ドルの減税，ならびに法人税率を35％から21％に引き下げるという，レーガン時代以来，約30年ぶりの抜本的な税制改革を実現しました。

　しかし，最も大きなレガシーは連邦最高裁に３人の保守派判事を任命した点でしょう。日本の最高裁判事は70歳定年ですが，アメリカの最高裁は終身制です。大統領は最長でも任期８年ですが，アメリカでは30年以上務める最高裁判事も珍しくありません。ある意味，アメリカ社会に与える影響は大統領よりも大きいと言えます。

　最高裁は判事９人で構成されていますが，長らく保守派５人，リベラル派４人で，ジョン・ロバーツ長官が保守派ながら比較的中立のポジションを取る形でバランスを保ってきました。それがトランプ時代に３人の空席が生じ，いずれも保守派が任命された結果，６人対３人という完全に保守派優位の構成になりました。これまで２期８年の任期を務めた大統領でも在任中に任命できた判事は１，２人だったことを鑑みれば，４年間の任期中に３人も任命できたことは極めて異例であり，（保守派からすれば）幸運でした。

　2022年６月にその最高裁は長年国を二分する議論となってきた人工妊娠中絶をめぐり，「中絶は女性の権利だ」としたおよそ50年前の判断（1973年のロー対ウェード判決）を覆し，リベラル派から激しい反発がありました。

3. ポピュリズム

（1） 政治不信

　オバマとトランプは水と油の関係のように見えますが，共通点もあります。それはどちらも分断社会の産物だという点です。1990年代以降，党派対立は激化の一途を辿り，「二つのアメリカ」「文化戦争」といった表現が人口に膾炙するようになりました。政府への信頼も時代とともに下落傾向が続き，とりわけ2000年代後半は近年稀に見る低さを示しています（図表7-5参照）。

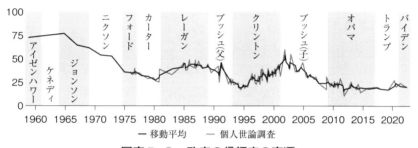

図表7-5　政府の信頼度の変遷
出典：米ピュー・リサーチセンター

　こうした世論を背景に，「一つのアメリカ」を掲げ，国民の和合の可能性に賭けたのがオバマです。それに対し，和合よりも，むしろ「我々対奴ら」という対立の構図を作り，政治的支配を求めたのがトランプでした。つまり，どちらも分断社会の産物である点では同根で，その打開に向けたアプローチが異なるということです。

　過激で破天荒な言動を繰り返したトランプの大統領就任を受けて，アメリカ民主主義の行方を危ぶむ声が国内外から上がりましたが，政治に幻滅していた有権者を再び投票プロセスの中に引き戻した意義は小さく

ないと考えられます。

1990年代にも二大政党制への不満を背景に第三政党が躍進し，例えば，1992年の大統領選では無所属の大富豪ロス・ペローが候補者討論会に参加するほど支持を広げました。ペローは1995年に「アメリカ合衆国改革党」（RPUSA）を創設し，トランプは2000年に同党から派生した「アメリカ改革党」（ARP）から大統領選に出馬しました（党内予備選で敗退）。その後，トランプは民主党，無所属を経て，2009年にかつて所属した共和党に復党しました。2016年のトランプの勝利はそうした異議申し立てが共和党という受け皿を通して結実したとも考えられます。

（2）主流派への不信

もう一点，重要なのはトランプが共和党の主流派との対立も辞さず，共和党の方針と矛盾する政策も厭わぬまま，党内の権力を掌握したことです。再選を目指した2020年の共和党全国大会では党の綱領採択が見送られ，トランプの政策がそのまま党の施政方針となりました。共和党が「トランプ党」になったと言われる所以です。

と同時に，主流派との対立は民主党内でも起きていました。バーニー・サンダース連邦上院議員が主導した「民主社会主義」の運動がその好例で，若者を中心に「サンダース旋風」が席巻。2016年の大統領選（予備選）では大本命のヒラリー・クリントンに肉薄し，2020年の選挙でもその存在感を発揮しました。躍進の背景には民主党の主流派が中道路線に右旋回し，グローバリズムを追求し，ニューディール時代からの支持基盤である労働者や弱者の利益をおざなりにしてきたとの憤りがあります。「トランプ旋風」がティーパーティー運動に連なるものであるならば，「サンダース旋風」は2011年秋に全米各地で発生した左派の草の根デモ「ウォール街を占拠せよ」（Occupy Wall Street）との親和性が

図表7-6　「ウォール街を占拠せよ」デモ（オレゴン州ポートランド）
S51438, CC BY-SA 3.0〈https：//creativecommons.org/licenses/by-sa/3.0〉，
ウィキメディア・コモンズ経由で

高いものでした。東西冷戦時代を直接経験していない若い世代は「社会主義」への拒否感が少なく，むしろ強欲資本主義を糺す「社会正義」に近いニュアンスを持つものでした。

　このように，どちらの「旋風」もアメリカ政治を牽引してきた主流派に抗った点で左右のポピュリズム（＝反エリート主義）と言えます。そして，どちらもしばしば「大衆迎合的」と政策の非現実性を指摘されながらも，政治不信が増す2000年代のアメリカで大きなうねりとなりました。正反対の政策も少なくありませんが，反グローバリズムという点でも共通しています。

　アメリカ史を振り返れば，特定の権力や権威が固定化・肥大化することに抗うポピュリズムが繰り返し隆盛してきたことに気づきます。東海岸のエリートによる政治支配に抗い台頭した19世紀のアンドリュー・ジャクソン大統領がその好例です。つまり，トランプの台頭は極めてアメリカ的な現象とも言えます。

（3）フェイクニュースの時代

　とはいえ，オバマやサンダースとは対照的に，トランプの統治手法は極めて情動的かつ攻撃的で，自らの意に沿わないメディアを「フェイクニュース」と糾弾し続けました。「事実」や「科学的知見」も一つの見立てに過ぎないとの相対主義的な姿勢はときに危うさを抱えることになります。

　例えば，2017年8月にバージニア州シャーロッツビルで起きた極右集会の参加者とそれに抗議する人々が衝突し，女性1人が犠牲になった事件をめぐっては「どちらにも非がある」とコメントし，物議を醸します。

　2020年の大統領選で敗北の受け入れを拒み，熱狂的な支持者が連邦議会議事堂を襲撃した事件をめぐっては「アメリカ史上，最も偉大な運動」「愛国心の証」と称賛。同事件を扇動したとしてトランプは2021年1月に弾劾訴追されました。2019年12月にもウクライナ政府への不当な働きかけによって弾劾訴追されており，在任中に2度訴追された初の大

図表7-7　トランプ支持者らによる連邦議会議事堂襲撃事件

統領となりました（いずれも上院で無罪評決）。2020年に下院特別委員会で同事件に関する調査が行われましたが，トランプの責任を問う立場から委員会のメンバーに加わった共和党のリズ・チェイニー議員は激しい党内の反発にあい，同党下院ナンバー 3 の地位を追われ，2022年の中間選挙（予備選）では親トランプ派の刺客に敗れました。

　2020年の大統領選では，連邦上院議員やオバマ政権の副大統領などを含め，半世紀近いワシントンでの経験を有するジョー・バイデンが当選します。バイデンそのものへの積極的支持というよりも，トランプの新型コロナ対応の不手際や経済の悪化，そして何よりも殺伐とした雰囲気が漂うようになったアメリカ社会の秩序と安定の回復を求める世論の存在が大きかったとされています。

　しかし，ポピュリズムやナショナリズムの台頭，フェイクニュースや陰謀論の流布などは，アメリカ特有の現象ではなく，後章で見るように，現代の国際社会全体が直面する共通の問題でもあります。

参考文献

古矢旬『グローバル時代のアメリカ』岩波新書，2020

渡辺将人『評伝　バラク・オバマ　「越境」する大統領』集英社，2009

金成隆一『ルポ　トランプ王国』岩波新書，2017

森本あんり『反知性主義』新潮社，2015

トム・ニコルズ（高里ひろ　訳）『専門知は，もういらないのか』みすず書房，2019

8 | アメリカ社会の争点①
：アイデンティティの問題

《**目標&ポイント**》「多様性の中の統一」をモットーとするアメリカ社会にお
けるアイデンティティの問題（人種・宗教・ジェンダー）について紐解く。
《**キーワード**》 アイデンティティ政治，BLM 運動，キャンセル文化

1．アイデンティティ政治

（1）「全ての人間は生まれながらにして平等である」

　これまでの章ではアメリカ史を振り返りながら，社会や政治を動かし
てきた運動律として，連邦政府の「是非」や「大小」をめぐる争いが
あったことを記してきました。本章からは少し別の角度から現代アメリ
カを理解する上で大切な問題群を考察してゆきます（とはいえ，運動律
をめぐる議論とも深く結びついています）。

　まず，本章で扱うのはアメリカの多様性についてです。実際，アメリ
カは世界最大級の多民族国家であり，同じ民主主義国家とはいえ，比較
的同質性が高い日本とは対照的です。しかし，「全ての人間は生まれな
がらにして平等である」ことを「自明」とした独立宣言とは裏腹に，先
住民や黒人，女性らが政治的・経済的に自由な市民ではなかったことは
言うまでもありません。1787年に制定された合衆国憲法の第1章第2条
第3項には「奴隷」という表現こそありませんが，「自由人以外のすべ
ての者」として黒人奴隷に言及し，人口算出の際には「5分の3人」と

見なすと明記されています。また，他の箇所でも奴隷制を事実上容認する記述が残っています。これらの差別的表現は南北戦争後の修正条項第13条で改正されていますが，建国期において白人がアメリカ社会の基本に据えられていたことは否定し難い事実です。

　それゆえ，保守的な白人にとっては，黒人奴隷が解放されたことや，黒人が白人と同等の権利を有することには強烈な違和感がありました。また，1880年代からヨーロッパやアジアから人種や宗教，言語の異なる移民が急増したことや，1960年代の公民権運動や1990年代以降の多文化主義の隆盛なども，自らの「アメリカ」が奪われてゆくのではとの危惧を抱かせるものでした。

（2）アメリカ社会のメタファー

　アメリカとは一体誰のものなのか。1920年頃までは移民はアングロサクソン系の白人（そしてキリスト教プロテスタント）――いわゆる「ワスプ」（WASP）――の社会に同化すべきだと考えられてきました。しかし，第一次世界大戦によって国民意識が高揚し，多くのマイノリティも戦争に協力したことから，さまざまな人種や民族が溶けて「アメリカ人」になるという「るつぼ（メルティングポット）」のメタファーが用いられるようになりました。

　しかし，それでも差別が続くなか，「るつぼ」といっても結局は「白人製」なのではないかとの疑念が高まります。そこで，公民権運動の頃には，さまざまな人種や民族，宗教，言語を有する集団がそれぞれの独自性を保ったまま共存する「サラダボウル」が新たなメタファーとなります。

　しかし，それでも差別は根強く残り，「るつぼ」も「サラダボウル」もあまりに予定調和的で，現実社会の不公正や対立を前にナイーブすぎ

るとの批判が高まります。1990年代の多文化主義は人種や民族，宗教，ジェンダー，性的指向などをめぐる差別がより制度的（構造的）に埋め込まれている点や，何気ない日々の言動の中で再生産されている点などを問題視し，その是正を求めるようになりました。

　歴史的に抑圧されてきたマイノリティを進学や昇進の際に優遇するアファーマティブ・アクション（積極的差別是正措置）や，マイノリティを貶めるような表現を避けるポリティカル・コレクトネス（PC，政治的正しさ＝適切さ）などに関心が高まる一方，保守派からは「逆差別」との批判が強まりました。一般的にマイノリティやリベラル派からの異議申し立ては「アイデンティティ政治」と呼ばれますが，今日ではより広く，保守派からの反動や巻き返しも含めた，「承認」や「表象」をめぐる争いの総称として用いられる傾向にあります。

（3）多様化する人口構成

　「アイデンティティ政治」が先鋭化する背景には人口構成の多様化があります。1990年と2020年の国勢調査を比較すると，出生率が高い移民の流入などに伴い，アメリカ全体の総人口は約2億5000万人から約3億3000万人に増加。うち総人口に占める白人の割合は75.6％から57.8％に減少しています。その一方，ヒスパニック系は9.0％から18.7％に，アジア系は2.8％から5.9％に，黒人は11.7％から12.1％にそれぞれ増加しています。2000年の国勢調査ではヒスパニック系が黒人を抜き，最大のマイノリティ集団になりました。白人は2010年からの10年間で人口が減少した唯一の集団です。

　このままゆくと2040年前後に総人口は4億人を超え，2045年までに白人の割合は過半数を割る一方，黒人の割合はほぼ変わらず，ヒスパニック系は約25％にまで増加すると見込まれています。カリフォルニア州で

は2014年にヒスパニック系が白人の人口を上回り，2020年の国勢調査ではヒスパニック系39％，白人35％，アジア系15％，黒人5％となっており，すでにマイノリティ集団が過半数を占める「マジョリティ・マイノリティ」状態になっています。

　宗教に関する米ギャラップ社調査によると，1990年の時点ではプロテスタント56％，カトリック25％，ユダヤ教2％，モルモン教1％，その他5％，無宗教9％と，キリスト教が8割以上を占めていました。ところが2020年になると，プロテスタント37％，カトリック22％，ユダヤ教2％，モルモン教1％，その他6％，無宗教20％と，プロテスタントの低下と無宗教の増加が目立ちます。とりわけ1980年以降に生まれた世代（ミレニアル世代やZ世代など）以下では3人に1人が無宗教と回答する傾向があります。要するに，「アメリカは白人キリスト教中心の国」という私たちのイメージはますます過去のものになりつつあるということです。

　加えて，女性の社会進出や性の多様化も進んでいます。ヨーロッパの先進国などに比べると，依然，見劣りはするものの，例えば，連邦議会に占める女性議員の割合は1990年の約6％から，2021年には約27％にまで増加しています。アメリカの有力大学では新入生の男女比はほぼ同数となって久しいです。連邦最高裁は2015年に同性婚を事実上合法化。2020年にはLGBTQ（性的少数者）の雇用差別を公民権違反と判断しています。

2．BLM（Black Lives Matter）運動

（1）シャーロッツビルの悲劇

　こうした中，2017年8月にはバージニア州シャーロッツビルで白人至上主義団体と反対派が衝突し，多数の死傷者が出ました。直接的には南

図表8−1　シャーロッツビルでデモ行進を行う白人至上主義者

Anthony Crider；cropped by Beyond My Ken（トーク）20：37, 9 April 2018
（UTC），CC BY 2.0〈https：//creativecommons.org/licenses/by/2.0〉，ウィキ
メディア・コモンズ経由で

北戦争時の南軍司令官リー将軍の銅像撤去に抗ったデモがきっかけでし
たが，その際，デモ隊は「お前たちを私たちの代わりにはさせない」
（"You will not replace us"）と連呼していました。近年，白人至上主義
者は「壮大な乗っ取り」（Great Replacement）という表現をしばしば用
います。マイノリティが行っているのはもはや「異議申し立て」ではな
く「乗っ取り」であり，自分たちは居場所を喪失しつつある「犠牲者」
というわけです。その根底にはアメリカの所有者は白人なのだという信
念があります。

　この衝突事件をめぐっては，トランプ大統領が白人至上主義団体側を
糾弾することなく，あくまで「喧嘩両成敗」の立場を崩さなかったこと
から大きな波紋を広げました。トランプ自身，白人労働者層が大きな支
持基盤であり，彼らの一部は自らの不遇が移民の増加や多文化主義の過
剰によって引き起こされているとみなしており，被害者意識という点で
は重なる部分があります。2018年にロイターなどが行った共同世論調査
によると，「現在，米国ではマイノリティが攻撃されている」と答えた

米国人が57％だったのに対し，「白人が攻撃されている」も43％もいました。驚くべきことに「白人ナショナリズムを支持する」も8％いました。

（2）ミネアポリスの悲劇

　その一方，コロナ禍の2020年5月にはミネソタ州ミネアポリスで黒人男性が白人警察官に首を押さえつけられて死亡する事件が発生します。現場の一部始終がスマートフォンで撮影され，ソーシャル・ネットワーキング・サービス（SNS）を通して瞬時に拡散したことから「ブラック・ライブス・マター（黒人の命も大切だ）」（BLM）を掲げる抗議運動が直ちに組織され，全米，そして日本を含む世界各地に広がりました。

　もともとBLM運動は2012年にフロリダ州で黒人青年が自警団の男性に不審者と見なされて射殺された事件を受け，黒人女性がフェイスブックに投稿した文言「黒人の命も大切だ」がSNSで拡散する形で始まりました。その後も白人警官によって黒人の命が奪われる事件が相次ぎ，BLM運動は支持を広げました。単なる黒人の権利擁護のみならず，マイノリティ差別，ジェンダー差別，経済格差，医療保険や刑事司法の制度的歪みなど，社会正義に関わる問題が広く争点とされ，参加者も老若

図表8-2　BLM運動による事件への抗議（ミネソタ州ミネアポリス）

男女，白人，アジア系，ヒスパニック系など多様で，左派のみならず，穏健派にも支持を広げました。

（3）運動拡大の背景

　BLM運動ではとりわけミレニアル世代やZ世代など若い世代が中心的役割を担いました。銃規制，気候変動，経済格差，LGBTQ（性的少数者）の権利など，近年，アメリカの若者は社会正義をめぐる問題に積極的に関与しています。泥沼化したアフガニスタンやイラクでの戦争，リーマン・ショックによる雇用不安，格差拡大，授業料や医療費の高騰，相次ぐ学校などでの銃乱射事件，異常気象。さらには近年のコロナ禍と人種差別問題。多くの若者にとって「アメリカン・ドリーム」は「神話」に過ぎなくなっている面があります。加えて，学校や職場では友人や同僚として白人と黒人が接する光景は日常化しています。それゆえ若い世代にとっては，ミネアポリスの事件の衝撃は大きく，SNSを通して小さな連帯が生まれ，やがて大きなうねりとなっていきました。

　有名企業からのBLM運動への支持表明が相次いだこともこの点と関連しています。企業にとっては，単に道義的・倫理的観点のみならず，事件に関して態度を表明しないことで「社会的責任を放棄している」「人種差別や人権侵害を黙認している」と誤解されたくないとの経営判断も働きました。とりわけアメリカ全体に占める人口割合が増加し，「顧客」「消費者」として影響力を高めるミレニアル世代やZ世代は企業にとって極めて重要です。加えて，将来，企業として成長するには優秀な若手人材の確保が欠かせません。つまり倫理面と経営面の双方の判断が重なったわけです。

　言うまでもなく，企業は選挙献金を通して政治家に，そして広告費を通してメディアやエンターテインメントの世界に影響を及ぼします。今

日，テレビや映画，広告などでも多様性への配慮が当たり前となっています。社会変革を後押しする存在として市場や企業の役割は看過できないものがあります。

3．キャンセル文化

（1）歴史認識問題

　とはいえ，こうした動きを憂い，抗うアメリカ人が多くいるのも事実です。BLM運動への共感が全米に拡大するにつれ，デモに対する警戒も顕在化しました。そして，事件を契機に人種差別問題の根深さが改めて注目され，かつての奴隷所有者や南北戦争の南部連合に縁のある人物の像や名称を撤去する動きが活発になるにつれ，白人保守層を中心にさらに反発が強まりました。

　「負の歴史を風化させないためにも残すべきだ」との声は穏健派からも聞かれます。しかし，「残すのは戦跡や墓でも十分。南部連合の像が建立された時期は白人ナショナリズムの台頭と密接に結びついている」との反論もあります。さらにはトマス・ジェファソン（第3代米大統領）は奴隷を所有していた点を問題視し，同氏の像や名称の撤去を求める声

もあります。それに対して「ジェファーソンは米国建国に尽力した人だ。かたや南部連合の『英雄』は合衆国を倒そうとした『反逆者』だ。同じ土俵で論じられるべきではない」との反論もあります。

　こうした問題は一般化して語るのが難しい面があります。例えば，ワシントンD.C.のリンカン公園にある「奴隷解放記念碑」。エイブラハム・リンカン元大統領

図表8-3　奴隷解放記念碑

の奴隷解放宣言（1863年）を記念して建立された同碑については，同大統領に上半身裸の男性奴隷の姿が「侮辱的」「家父長主義的」だとして，デモ隊から撤去を求められました。しかし，同碑は解放された黒人市民の募金によって1876年に建立され，除幕式には黒人指導者も数多く参列しています。地元の黒人や穏健派からも撤去は「行き過ぎ」との批判もあります。まさにアメリカ版の歴史認識問題と言えます。

（2）中絶権をめぐる問題

　人種問題だけではありません。2022年6月には連邦最高裁判所が，女性の人工妊娠中絶を合憲だとしてきた1973年のロー対ウェード判決を覆す判断を示しました。具体的には，妊娠15週以降の中絶を禁じたミシシッピ州法が違憲だとするクリニック側の訴えを退けた格好です。合衆国憲法が中絶権そのものを保障しているわけではない。中絶の是非をめぐる判断は各州の判断に委ねるというわけです。

　最高裁の判決を受けて，保守的な州では独自の州法によって中絶を厳しく規制（ないし禁止）する動きが広がり，その数は20州以上に及びます。これらの州では中絶を選んだ女性や施術した医師は罰せられることになります。必要な場合はカリフォルニア州など中絶を認めている州へ出向かざるを得ません。経済的に余裕がない女性の場合はそれも難しく，かつて中絶が認められていない時代に横行した極めて危険な方法に訴える可能性もあります（針金のハンガーは中絶権擁護を訴えるデモのシンボルとなっています）。州によっては強姦や近親姦による妊娠の中絶も認めないケースもあり，アメリカ国内外の人権団体などから激しい抗議の声が上がっています。

　アメリカでは2011年に同性愛者の軍への入隊が認められ，2015年には州政府が同性カップルに婚姻許可証を発行しないことや，他州で合法的

に認められた同性カップルの婚姻を認めないことは違憲であるとするな
ど，同性婚を認める判決も下っています。2016年にはオバマ政権が医療
保険における LGBTQ（性的少数者）への差別を禁じる措置を取りまし
た。キリスト教保守派を支持基盤とするトランプ政権は同措置を覆しま
すが，2020年，ニューヨーク連邦地方裁判所はトランプ政権の決定を差
し止める判決を下しました。しかし，トランプ政権下で最終的に最高裁
の判事9人中6人が保守派になったことから，中絶に続き，同性婚につ
いても判決が覆るのではとの懸念がリベラル派から上がっています。い
ずれの問題も個人のアイデンティティや価値観に根ざしているだけに妥
協は容易ではありません。

（3）政治的トライバリズム

　このように，近年のアメリカは，人種や民族だけではなく，宗教，
ジェンダー，学歴，所得，世代，地域，支持政党などの差異に沿って，
各自が自らの集団の不遇を告発する政治的トライバリズム（部族主義）
の様相が強まっています。そこでは自らの"部族"を「被害者」「犠牲
者」とみなし，他の"部族"を制圧しようとします。そして，ソーシャ
ルメディアがこうした「我々」対「奴ら」の構図を助長しています。
　それを象徴する言葉に「キャンセル文化」と「ウォーク（文化）」が
あります。「キャンセル文化」は「政治的に正しくない」とされる言動
が SNS などで拡散・炎上し，社会的立場を追われる風潮を揶揄する保
守派からの表現です。上述したように，自らにとって「自然」と思われ
た歴史や規範，制度が次々と否定される状況を指します。それとは対照
的に，貧困や格差の根底にある差別や差異に敏感であることをリベラル
派は「ウォーク」と称えます。人種やジェンダー，環境などをめぐる社
会正義に「目覚めた（woke）」という意味です（日本語の「意識高い

系」という表現に近い）。保守派からすると「キャンセル文化」をアメリカに蔓延させている元凶ともいうべき存在です。

　2017年にハリウッドの大物映画プロデューサー，ハーヴェイ・ワインスタインが長年行ってきたセクシャルハラスメント（性的嫌がらせ）を女優たちに告発され，業界を追われたことを契機に「私も被害者だ」と訴える「＃MeToo」運動が広がり，ウォーク文化は勢いを増します。翌年には『大草原の小さな家』の著者の名を冠したローラ・インガルス・ワイルダー賞が「児童文学遺産賞」に改称されました。1954年に創設され，長年，児童文学に貢献した作家もしくは画家に贈られてきた同賞ですが，ワイルダーの作品に先住民や黒人への差別的表現が含まれている点が問題視されました。

　近年，作家やメディア，ミュージアム，学校，企業はそうした表現に非常に敏感になっており，事前にチェックを行う「センシティビティリーダー」と称される専門職が隆盛しています。

　今日，アメリカでは選考に関わる面接の場で年齢や性別，国籍，人種，言語，結婚・家族，居住地・通勤，宗教・信仰，障害・病気，クレジットレコードなどを尋ねることや，履歴書に顔写真添付を求めることもタブーとされています。また，インターネット空間で過去の不適切な言動が「発掘」され，謝罪や辞任に追い込まれる事例も日常化しています。こうした傾向は日本でも広がっています。

　もっとも，キャンセル文化やウォーク文化にはリベラル派の一部からも批判があります。「リベラル派が本来追求すべき大きな政策課題が個人の道徳性をめぐる問題に矮小化されている」「高学歴層の問題意識が先行しすぎており，労働者層の生活感覚と乖離している」「リベラル派を分断する一方，保守派を結束させる」「キャンセル文化やウォーク文化が『思想警察』や『道徳警察』のごとく機能し，言論の自由を侵害し

てしまう」「『言葉狩り』を恐れるあまりに無批判な態度や『事なかれ主義』を助長させる」，等々。保守派もリベラル派も「自由」を重視しますが，その解釈をめぐる主導権争いは1990年代と比べても一段と深まっています。

参考文献

和泉真澄，坂下史子，土屋和代，三牧聖子，吉原真理『私たちが声を上げるとき　アメリカを変えた10の問い』集英社新書，2022

貴堂嘉之『移民国家アメリカの歴史』岩波新書，2018

浜本隆三『アメリカの排外主義』平凡社新書，2019

松本佐保『アメリカを動かす宗教ナショナリズム』ちくま新書，2021

渡辺靖『白人ナショナリズム』中公新書，2020

9 | アメリカ社会の争点②
：格差問題

《**目標＆ポイント**》 「多様性の中の統一」をモットーとするアメリカ社会における格差問題について読み解く。
《**キーワード**》 ゲーテッド・コミュニティ，民主社会主義，コロナ危機

1．ゲーテッド・コミュニティ

（1）ジニ係数

　所得格差を示す代表的指標にジニ係数があります。0から1の間で推移し，大きくなるほど所得格差が開いていることを意味します。また，0.4が警戒ラインとされ，それを上回ると暴動や社会混乱が生じる可能性が高くなるとされています。2019年時点でのジニ係数の世界ランキングは（上位から）南アフリカ（0.62），ブラジル（0.48），コスタリカ（0.48），チリ（0.46），メキシコ（0.42），ブルガリア（0.40），トルコ（0.40），アメリカ（0.40），イギリス（0.37），リトアニア（0.36），ラトビア（0.34），イスラエル（0.34），ルーマニア（0.34），韓国（0.34），日本（0.33）などとなっています。アメリカは経済協力開発機構（OECD）主要国の中で最も高くなっています（図表9-1）。

　これまでの章で見てきたように，建国以来，アメリカでは社会主義の伝統が希薄だったこともあり，格差是正に対するインセンティブは高くありませんでした。それゆえ富裕層を筆頭に所得税率や相続税が低く抑

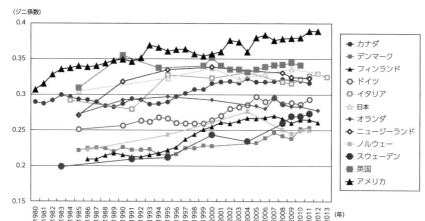

OECD. Stat（2017年 3 月 9 日閲覧）より厚生労働省政策統括官付政策評価官室作成
（注）　1．「ジニ係数」とは，所得の均等度を表す指標であり，0 から 1 までの間で，数値が高いほ
　　　　 ど格差が大きいことを示している。
　　　　2．等価可処分所得のジニ係数の推移を示している。

図表 9 - 1　OECD 主要国のジニ係数の推移

出典：平成29年版厚生労働白書（平成28年度厚生労働行政年次報告）─社会保障と
　　　経済成長

　えられ，格差が固定しやすくなっています。また，日本以上の高学歴社
会であり，しかも授業料が非常に高い点や，日本のような国民皆保険が
なく，しかも医療費が極めて高価な点なども，格差の固定化を助長して
います。

　もともと労働組合の力も強くなかったこと（特に南部）もあり，労働
者や貧困層への支援も手薄でした。大恐慌後のニューディール政策に
よって民主党はこれらの層への福利厚生の充実を図りますが，政府の歳
出拡大を懸念する保守派（共和党）からの反発も強く，政策的な一貫性
が保たれずにいます。保守派は「政府」ではなく「市場」による解決こ
そが本筋であるとし，むしろ規制緩和や減税を重視する傾向がありま
す。格差そのものについても，富裕層や大企業の経済活動が活発であれ

ば，その恩恵がより下位の各層に「滴り落ちてゆく」と考えます。

　また，第5章で記したように，1990年代以降，選挙戦のオペレーションが巨大化するにつれ，選挙資金集めのため大口献金を集める必要性が増し，民主党のクリントン政権も「市場」を重視する立場に傾倒しました。

（2）ミドルクラスの没落

　アメリカのジニ係数の推移を見ると，ニューディール時代が終わり，レーガノミクスが導入された1980年代に急上昇し，1990年代以降も多少の上下を繰り返しながら，基本的には上昇トレンドにあることが分かります（図表9-2）。つまり，格差は拡大傾向にあるということです。

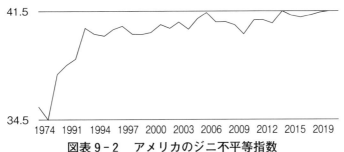

図表9-2　アメリカのジニ不平等指数
出典：TheGlobalEconomy.com

　興味深いのはその内訳で，上流層，中流層（ミドルクラス），下流層それぞれの平均世帯所得の推移を見ると，1970年から2018年までの約半世紀間に，上流層では所得が約64％上昇したのに対し，中流層では約49％，下流層では約44％に留まっています（図表9-3）。また，同期間の全米の総世帯所得に占めるそれぞれの割合を見ると，上流層は29％から48％へと大きく増加したのに対して，中流層は62％から43％へと大き

く減少。下流層は10％から９％へとほぼ変わらずとなっています（図表
９-４）。つまり，格差拡大の本質は，上流層がますます富を蓄える一
方，中流層が萎んでしまった点にあります。しかも，最も裕福なトップ
１％が保有する資産がアメリカ全体の中で占める割合は1990年の23.6％
から2020年には31.6％へと増加しています。逆に，ボトム50％が占める
割合は3.7％から1.8％へと半減しています（図表９-５）。

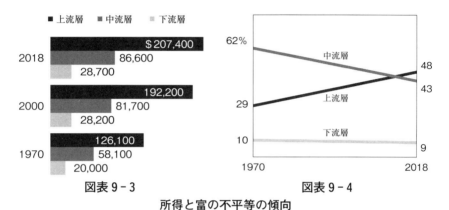

図表 9 - 3　　　　　　　　　　**図表 9 - 4**

所得と富の不平等の傾向

出典：https：//www.pewresearch.org/social-trends/2020/01/09/trends-in-income-
and-wealth-inequality/screen-shot-2020-01-08-at-5-06-47-pm/

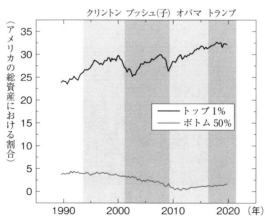

図表 9 - 5　　連邦準備制度による家計の富の不平等に関する統計

出典：BL アーカイブ，CC0, via Wikimedia Commons

　建国以来，アメリカはつねに経済格差の大きな社会で，南北戦争前の南部における白人プランターと黒人奴隷の圧倒的な格差は言うに及ばず，白人と移民の間，男女の間，地域の間など，さまざまな面でつねに大きな格差が存在してきました。しかし，社会主義の影響力が希薄なことから，重視されたのは「結果の平等」ではなく，あくまで「機会の平等」であり，競争原理そのものが否定されることはありませんでした。

　もっとも，極端な格差が社会全体を共通感覚の醸成を困難にすることは言うまでもありません。また，人々が自らの眼前の生活に汲々とするようでは社会的弱者や社会全体の利益を顧みることは容易ではありません。政治的・経済的に自由な「市民」が主役である「民主」主義社会にとって，ミドルクラスの存在は生命線とも言えます。その中流層がやせ細る現実は社会の安定という観点からも深刻な課題です。

（3）ゲートの世界

　周囲を高いフェンス等で囲い込み，守衛が常駐する検問ゲートを有する住宅街，いわゆる「ゲーテッド・コミュニティ」は格差社会の象徴かもしれません。例えば，カリフォルニア州ロサンゼルス郊外にある全米で最大規模のゲーテッド・コミュニティ「コト・デ・カザ」の面積は東

図表9-6　「コト・デ・カザ」内のゴルフコース（著者撮影）

京ドームの約400倍で，東京都の港区にほぼ匹敵します。2010年の時点
で約1万5000人の住民の約82％が白人，住民の平均年齢は42歳と若く，
世帯の平均年収は約17万ドル。一戸建ての価格は100万ドルを軽く超え
ています。

　アメリカではもともと超富裕層の屋敷町が19世紀半ばにも存在してい
ましたが，こうしたすみ分けがより顕著になったのは，退職者向けの住
宅街が出現する1960年代後半からです。その後，バブル経済を迎えた
1980年代には富裕層向け，1990年代には中流層向けのゲーテッド・コ
ミュニティが急増します。

　その後もゲーテッド・コミュニティは増え続け，1997年には全米で約
2万か所，居住人口は約800万人だったのが，わずか10年の間に約5万
か所，2000万人以上にまで増加し，現在ではほとんど実態が把握できな
い状態にまで偏在化しています。

　1980年代以降の「小さな政府」を志向する時代潮流のなか，公的サー
ビスの提供者としての行政の役割は縮小し続けました。その結果，学校
からリクリエーション施設，公園，道路に至るまで，住宅所有者組合な
どの私的管理組織が共有施設や共有資産に関するルールを決めるという
手法が奨励されるようになりました。ゲーテッド・コミュニティの多く
が「半自治体」といっても過言ではないほどの強い権限を持っている理
由がここにあります（部分的に税の代理徴収さえ認められているケース
もあります）。当然ながら，不動産価値を保全したい開発業者にとって
は，こうした住民の前向きな姿勢は大歓迎です。そして，行政にとって
も，開発業者が新たな道路，下水道，その他の都市基盤にまず支出した
うえで，そのコストを住宅購入者に転嫁してくれることは願ってもない
話です。このようにゲーテッド・コミュニティは全米に広がってゆきま
した。

　ちなみに，日本とは異なり，アメリカでは，原則，行政主導ではなく，住民の自発的意志によってまちづくりが行われます。自分たちのお金を税金として拠出することに合意し，警察や消防などを設立し，代表を通じてルールづくりを進め，「まち」としての体裁を整えてゆくというわけです。国はおろか，州や郡が介入する度合いも総じて低く，日本のように霞ヶ関主導で「市町村合併」が企図されれば，各地で訴訟なりデモが相次ぐことは必至でしょう。

2. 民主社会主義

（1） 2つの草の根運動

　現代アメリカを代表するジャーナリストの一人，ジョージ・パッカーは，外交誌『フォーリン・アフェアーズ』に掲載された「破られた契約」（The Broken Contract）と題する論考で次のように述べています。

　格差は市民間の信頼をむしばみ，ゲームの結果は最初から決まっていると人々に思い込ませてしまう。不平等と格差への不満のはけ口は，移民，外国，国内のエリート，政府など，あらゆるターゲットに向けられ，政治的にはデマゴークの台頭を促し，改革者への信任を失墜させる。不平等は多くの人が共有する問題に対する大胆な解決策を模索する意志を失墜させる。もはや問題を多くの人が共有しているとは考えられなくなるからだ。こうして不平等と格差は民主主義を損なっていく（邦訳は『フォーリン・アフェアーズ・リポート』2011年11号，60頁から引用）。

　この論考が発表されたのはオバマ時代ですが，当時，アメリカでは2つの草の根運動が全国規模で広がりました。すなわち右派の「茶会運動」と左派の「ウォール街占拠運動」です。「茶会」の方は反政府，

「ウォール街占拠」の方は反資本主義を掲げており，イデオロギー的には水と油の関係にありますが，両者には共通点もあります。すなわち，どちらも自分たちの人生や社会が手の届かない巨大な権力（前者の場合はビッグ・ガバメント，後者の場合はビッグ・ビジネス）によって牛耳られているという理解です。それは，努力をすれば誰でも成功できるというアメリカン・ドリームが消滅することへの憂えであり，怒りであり，抗いでもありました。「茶会」はのちにトランプ旋風に，「ウォール街占拠」はのちにサンダース旋風をそれぞれ加勢してゆくことになります。

（2）労働組合の復権？

　「ウォール街占拠」の有名なスローガンの１つに「私たちは99％だ」（We are the 99%）があります。若者を中心とした貧困や格差の是正を求める運動の求心力となったのがバーニー・サンダース上院議員であることは第 7 章で記した通りです。

　全米最大の社会主義団体に「米国民主社会主義者」（DSA）がありますが，2016年に5000人ほどだった会員は2022年には若者を中心に 9 万人以上に急増。2020年の創刊時にはわずか2000部だった民主社会主義系の季刊誌『ジャコビン』の発行部数は2022年には 7 万5000部を記録し，オンライン版へのアクセスは毎月300万を超えています。2016年 6 月の調査によると，社会主義に「好印象がある」と答えた回答者は全体の41％だったのに対し，18〜34歳では51％に上ります（Axios/Momentive Poll）。建国以来，社会主義を否定し，冷戦中には「赤狩り」が席巻し，冷戦終結後は新自由主義のグローバル化を牽引したアメリカの足元で起きている現象として注目に値します。

　ちなみにサンダース議員は「民主社会主義」と「社会主義」を明確に

区別しており，「民主社会主義」は一党独裁や権威主義とは関係のない，ヨーロッパの先進国における革新左派の立場に近いと繰り返し述べています。

　民主社会主義の広がりとともに，労働組合に関する意識にも変化が見られます。2022年の世論調査によると，1953年に75％を記録した労働組合への支持率は2010年には48％にまで低下するも，その後は回復傾向を見せ，2022年には71％まで上昇しています。これは1965年以来の高さです（ギャラップ社，図表9-7）。

　ただし，支持率は高まったものの，労働者の約20％が組合員であった1983年以降，組合に所属する割合は減少し続け，2021年には10.3％にまで低下。とりわけ民間における組織率は6.1％まで落ち込んでいます。その主な理由は，組合賃金プレミアムの上昇，海外競争の激化，政府の規制緩和政策を背景にした労働組合への経営者の立場の強化などが挙げられます。近年は，企業が労働組合の強い北部や西海岸を嫌い，組織化が脆弱な南部へと拠点を移動ないし拡大する事例も目立ちます。デジタル化が進んだことに加え，南部は総じて法人税や所得税が低く，かつ労働組合を嫌う政治風土が強いことが背景にあります。

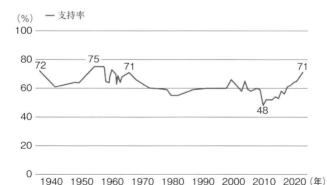

図表9-7　アメリカ人の労働組合に対する支持率（1936-2022年）
出典：https://news.gallup.com/poll/398303/approval-labor-unions-highest-point-1965.aspx

（3）保守のパラドックス

　社会学者アーリー・ホックシールドは共和党の牙城であるルイジアナ州のレイクチャールズで2011年から5年間，丹念なヒアリング調査を重ねました。全米有数の化学工業地帯に位置する同市は環境被害が深刻で，癌の発生率が高いことでも知られます。しかし，保守派の（白人）労働者層は自ら公害の被害者でありながら，政府の環境規制に抗い，「小さな政府」を訴える茶会運動を支持しました。彼らは非合理的な存在なのか。著者は「経済的利益」の観点から彼らの行動を捉えがちなリベラル派の盲点――すなわち「自国にいながら異邦人であるという感覚」に苛まれていた彼らの「感情的利益」への共感を欠いていた点――を指摘します。彼らは「決して自分たちを"犠牲者"と呼びたがらない。『かわいそうなわたし』にはなりたくないのだ」とし，こうした屈折した感情こそがトランプの岩盤支持層を理解する鍵だと説きます。経済的に困窮する（白人）労働者層が政府の助けを拒み，自らをさらなる窮状に追い込む逆説はしばしば指摘されるところです。

　カンザス州出身の著述家トーマス・フランクは，全米でベストセラーとなった著書『カンザスは一体どうしてしまったのか？』(2004) の中で，1990年代以降，それまで民主党支持が多かった同州の労働者が急速に共和党支持へと転向した点に注目しました。彼らはなぜ財界・富裕層寄りとされる共和党に票を投じるようになったのか？　著者は民主党がクリントン流の「中道路線」の名のもと――そして政治資金調達のため――大企業を優先し始めたことによって，共和党との差異が不明瞭になったからだと説きます。その結果，人工妊娠中絶や同性婚をめぐる「文化戦争」を煽る共和党に対して防戦を強いられ，皮肉なことに，いつのまにか民主党は「信仰」や「価値」を軽んじるエリート主義の政党――そして共和党こそは労働者の味方――と見られるようになったと分析しま

す。オバマ政権の医療保険改革（オバマケア）に最も強硬に反対した保守系の議員（保守的な地域から選出された一部の民主党議員も含む）の選挙区ほど，無保険者の割合が高いという逆説にも通じる指摘です。

3．コロナ危機

（1）コロナ禍と格差問題

　新型コロナの感染拡大に伴う財政出動や金融緩和によって巨額のマネーが市場に流入し，空前の株高が続き，金融資産を「持つ者」と「持たざる者」との格差はさらに広がりました。また，コロナ禍によって労働者層や貧困層の教育機会はすでに深刻な影響を受けており，格差拡大に拍車がかかることが危惧されています。

　コロナ禍ではエッセンシャルワーカーの感染リスクが日本でも懸念されましたが，アメリカでも，業務上ないし経済上，仕事を休むわけにはいかない，自宅勤務で代替できない，通勤に公共交通機関を用いざるを得ないなどの事情から，経済格差と感染拡大の関係がさまざまな形で指摘されました。日本のように公的医療が充実していないこともあり，感染時の医療負担や収入減を恐れて敢えて PCR 検査を受けないといった問題も顕在化しました。また，労働者層や貧困者層では居住空間が総じて密で，感染リスクがより高くなるとの指摘もありました。

　こうした層では黒人やヒスパニック系の割合が高いことから，アメリカにおける制度的な人種差別の根深さも問題視されました。2020年にBLM 運動が全米に拡大した理由は，直接的には同年5月にミネソタ州ミネアポリスで黒人男性が白人警察官に首を押さえつけられて死亡した事件でした。しかし，制度的な人種差別に対する憤りは2020年2月頃から深刻化したコロナ禍によって一層高まっていたと見るべきでしょう。

（2）コロナ禍と銃問題

　アメリカにおける銃暴力の多さは日本でも広く報じられています。銃規制が進まない理由はさまざまですが，合衆国憲法修正第 2 条（1791年）で「規律ある民兵は自由な国家に必要であるから，人民が武器を保持し携帯する権利は奪われない」と記されていることが 1 つ挙げられます。中央（連邦）政府が圧政化した場合，市民は武装し，自らを守る権利があるとの観点から制定された，建国時の政府への不信感を如実に示した条項です。もっとも当時と今では状況が大きく異なり，当時の民兵は今日の「警察」を意味するのであって，一般市民の武装を容認するものではないと規制推進派は主張します。しかし，反対派は，銃所有の是非をめぐる判断は各州に委ねられるべきで，中央政府が一律に規制するのは違憲と反論します。

　加えて，400万人以上の会員を擁する1871年設立の全米ライフル協会（NRA）などは全米屈指のロビー団体であり，規制強化を訴える政治家や候補者の落選運動を展開するなど，政治的に多大な影響力を有しています。「銃が人を殺すのではなく，人が人を殺すのだ」というのが NRA のスローガンです。

　農村部や人口の少ない州（主に共和党の牙城）では，警察機能に限界もあり，むしろ万一の自衛手段として銃保有を支持する声が大きく，また歴史的に狩猟が伝統の一部になっている地域もあり，都市部（主に民主党の牙城）の論理が通りにくい現状もあります。

　何よりもアメリカではすでに 4 億丁近い銃が出回っているとされ，単純に考えると国民 1 人が 1 丁所有している計算になります。銃暴力に巻き込まれるリスクを考えると，自ら率先して銃を手放すことに躊躇する人々も少なくありません。

　そうしたなか，コロナ禍では治安の悪化を危惧する人々の不安や恐怖

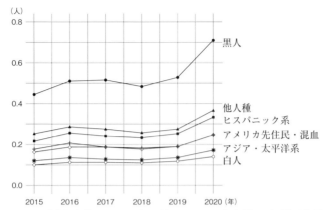

図表9-8　米国近隣の5-17歳の銃による死亡者数の人種別年間平均値（15年3月～20年3月）

出典：https://www.bu.edu/sph/news/articles/2022/racial-disparities-in-child-exposure-to-gun-violence-worsened-during-covid/

心から銃の売上げが急増しました。2020年には銃暴力で亡くなる人が2万人近くに達し，2000年以降で最多となりました。銃暴力に関しては麻薬中毒者やギャングによる件数をカウントしないことが多く，治安の悪い地域ではより過酷な現実が存在します。銃暴力の犠牲者になった児童の人種別割合では黒人が圧倒的に多くなっており，ここでも制度的な人種差別の一例として問題視されています（図表9-8）。

（3）監獄ビジネス

　制度的な人種差別のもう一つの例として，アメリカで問題視されているのは，司法の歪みです。例えば，ヒスパニック系は白人の1.3倍の割合で収監されており，黒人にいたっては白人の約5倍に及びます。マイノリティの警察官や裁判官が人口の割合に比べて少ないことが，その理由としてしばしば指摘されます。

　この点と不可分に結びついているのが1980年代以降に厳罰化が進むにつれ，「産獄複合体」が肥大化した点です。公共事業としての経済効果も大きく，産業の空洞化に直面した地域にとっては魅力的な存在です。季節や天候に左右されることもなく，環境汚染の心配も少なく，住民の目に触れることもほとんどありません。景気に左右されることも少なく，地域に安定した雇用と収入をもたらしてくれます。とりわけ1990年代以降，経済的に停滞した地域は，土地を寄付したり，下水道を改善したり，住宅補助金を提供したりするなど，刑務所の誘致に積極的に取り組んでいます。今日，収監者のほとんどが都市部出身であるに対し，刑務所のほとんどは農村部に位置しており（1980年にはわずか3分の1程度でした），大規模な養豚場や養鶏場，カジノなどと並び，刑務所は，現代アメリカにおける農村開発の3大手段の1つとなっています。

　ちなみに2022年時点のアメリカの人口10万人あたりの収監者数は629人で世界トップ。日本（37人）の17倍の高さです。連邦政府や州政府ではなく，民間が運営する私立刑務所の収監者は2000年からの20年間で約14％増加し，収監者全体の8％を占めています（World Population Review 2022）。「市場」を重んじる風潮は刑事司法の分野にも及んでいますが，そこには経済格差や人種差別，地域格差などさまざまな問題が複合的に絡んでいます。

参考文献

イザベル・ウィルカーソン（秋元由紀 訳）『カースト』岩波書店，2022
ピーター・テミン（栗林寛幸 訳）『なぜ中間層は没落したのか』慶應義塾大学出版会，2020

アーリー・ホックシールド（布施由紀子 訳）『壁の向こうの住人たち』岩波書店，
　2018
J・D・ヴァンス（関根光宏ほか 訳）『ヒルビリー・エレジー』光文社，2017
渡辺靖『アメリカン・コミュニティ』新潮選書，2013

10 | アメリカ社会の争点③
：分断の行方

《**目標＆ポイント**》 アメリカの分断の行方について楽観的シナリオと悲観的
シナリオについて考察する。
《**キーワード**》 ミレニアル世代，デジタル・トランスフォーメーション，部
族主義

1. ミレニアル世代

（1） 人口構成の変化

　政治的・社会的に分断したアメリカは今後どうなるのか。未来予測は
概して外れるものですが，本章では楽観的シナリオと悲観的シナリオの
2つを提示しておきます。

　まず，楽観的シナリオですが，これは主に人口構成の変化に着目する
ものです。第8章で記したように，アメリカの人口構成は多様化の一途
にあり，総人口に占める白人の割合は1990年の75.6％から2020年には
57.8％に減少。2045年までに過半数を割ると予測されています。有力大
学ではすでに学生の男女比はほぼ同じになっており，女性の社会進出は
一層進むことが見込まれます。

　加えて，アメリカ社会の牽引役はミレニアル世代以下の若い層に着実
にシフトしており，2020年の大統領選挙では最大の有権者ブロックにな
りました。ミレニアル世代の上の層，すなわちX世代（1965〜1985年生

図表10-1　銃規制強化を求める学生デモ（2018年3月7日，ミネソタ州セントポール市）
アメリカ・ミネソタ州のフィボナッチブルー，CC BY 2.0〈https://crea-tivecommons.org/licenses/by/2.0〉, via Wikimedia Commons

まれ）やベビーブーム世代（1946〜1964年生まれ），サイレント世代（1928〜1945年生まれ）と比べると，モノ（車や家など）の所有や誇示的消費，肩書や出世，慣習や世間体に固執しない一方，格差や人権，環境などをめぐる社会正義に敏感で，消費行動やネットワークづくりにも積極的です。また，健康や生態系，動物保護の観点からエコファッションやビーガニズム（完全菜食主義）への関心が高いのも若い層の特徴です。

　ミレニアル世代以下の3人に1人は無宗教で，白人の福音派（キリスト教プロテスタントの保守派）が総人口に占める割合は65歳以上では22%なのに対し，18〜29歳の若年層ではわずか7%に過ぎません（PPRI, *The 2020 Census of American Religion*, July 8, 2021）。同性婚に関しても，2021年の時点で55歳以上の支持が60%なのに対して，18〜34歳では84%に達しています。アメリカ全体でも1996年には27%だった支持が2021年

には70％に急増しています（Gallup, June 8, 2021）。こうした新しい価値観を持つ若い層が今後のアメリカ社会の中枢を担ってゆくことになります。

　さらには，都市部への人口集中も進んでおり，2020年の国勢調査によると，過去10年間に大都市圏の人口が９％増加したのに対し，それ以外の地域はわずか１％増に留まりました。全米の都市の81％で人口が増加したのに対し，郡（county）レベルではその半数以下でした。一般的に都市部ほどリベラル＝民主党の牙城とされています。

（2）選挙と市場の論理

　こうした人口構成の変化に適応できない政党や候補者は自ずと訴求力を失うことになります。具体的には，白人・男性・中高年・キリスト教保守派・農村部などを主な支持基盤とする共和党にとっては逆風となり得ます。共和党は人工妊娠中絶や同性婚，気候変動対策などに消極的ですが，若い層がこうした問題により積極的な傾向があることを鑑みれば，今のままでは支持は先細りにならざるを得ません。民主主義社会では政党や候補者に権力を負託するのは多数派の支持ですので，選挙で勝利するには変わりゆく価値観に寄り添ってゆく必要があります。こうした「選挙の現実」が今日の対立軸や対立点を時代遅れなものとし，社会全体としてよりリベラルな価値観が共有されることが考えられます。つまり，より共通基盤が広がり，対立の領域が狭くなるという見方です。

　もう１つは「市場の現実」です。ミレニアル世代以下の若い層の人口比が増大するにつれ，「消費者」としても存在感を増すことになります。つまり，この層に背を向けられることは企業にとって大きな打撃となります。ESG（環境・社会・企業統治）への関心が高い消費者や投資家，人材に敬遠されれば尚更でしょう。実際，2020年にはBLM運動への支

持を表明する有力企業が相次ぎました。経営者自身の信条や従業員から
の要請による面も少なくありませんでしたが，態度の未決・未表明が差
別の黙認と同一視され，企業の格付けや資金調達に悪影響が及ぶリスク
を踏まえた経営戦略上の判断もありました。人種やジェンダー，宗教な
どに関して多様性に配慮する姿勢は今後も増してゆくことが予想されま
す。

　ちなみに，娯楽目的の大麻は連邦法や国際条約により禁止されていま
すが，2021年のコロラド州とワシントン州における解禁を皮切りに，
2022年現在，17州とワシントン D. C. が合法化しています。ギャラップ
社の世論調査によると，2000年には合法化を支持する割合は31％でした
が，2020年には68％に増加しています。雇用や観光収入，税収の拡大な
ど経済的なメリットも多く，政治家にとっては反対しにくい状況になっ
ています。

　同様に，死刑制度の見直しも進んでいます。アメリカでは連邦法違反
の場合は連邦政府が，州法違反の場合は州がそれぞれ判決を下し，刑を
執行することになっています。死刑制度の是非をめぐって世論はほぼ二
分されていますが，非営利団体「死刑情報センター」（DPIC）による
と，2021年現在，死刑を廃止した州は全米50州中23州に達し，2000年の
12州からほぼ倍増しています。残る27州のうち13州は州知事の権限で執
行を停止しているため，実際に制度が運用されているのは14州に限られ
ています。

（3）保守的反動

　もちろん，こうしたリベラル化が進むにつれ，白人保守層などからの
文化的反動は熾烈を極めることが予想されます。コロナ禍以前の2018年
の時点でアメリカの総人口に占める外国生まれの移民の割合は13.7％

で，1970年（4.7%）から約3倍増となっており，歴史的に最も高かった1890年（14.8%）や1910年の水準に近づいています（図表10-2）。1880年代から1920年代には中国人排斥法（1882年）やジョンソン・リード法（1924年，いわゆる排日移民法）などの排外主義が隆盛を極めました。

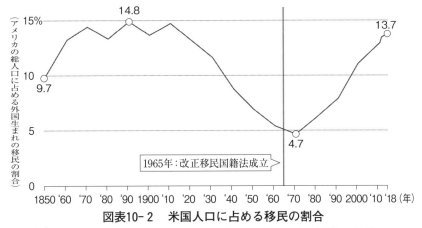

図表10-2　米国人口に占める移民の割合

出典：https://www.pewresearch.org/fact-tank/2020/08/20/key-findings-about-u-s-immigrants/ft_2020-08-20_immigrants_01/

図表10-3　アジア系への憎悪犯罪に抗議するデモ集会（2021年3月19日，ニューヨーク州ニューヨーク市）
アメリカ，バークレー出身のアンドリュー・ラット，CC BY 2.0
〈https://creativecommons.org/licenses/by/2.0〉, via Wikimedia Commons

今後，移民の割合が上昇し続け，白人が多数派から転落することとなるならば，まさに米社会は未経験領域に突入することになります。

その際，起こり得る反動の中には過激な暴力主義に訴えるものもあり得ます。実際，ユダヤ系の人権団体「名誉毀損防止同盟」（ADL）によると，2009年からの10年間に起きた，米国内の過激派によるテロ事件の犠牲者427人のうち，極右系によるものが73％，イスラム系が23％，極左系が3％となっています。そして，極右系のうち，76％が白人ナショナリストによるものでした。2020年の場合，米国内で起きた17件のテロ事件のうち16件が極右系によるもので，イスラム系は皆無，極左系は1件でした（ADL, *Murder and Extremism in the United States in 2020*）。

2．デジタル・トランスフォーメーション

（1）技術革新の影

前節では人口構成の変化に着目して楽観的シナリオについて記しましたが，当然，悲観的シナリオも考えられます。その際の主な根拠となるのは，前章で論じた経済格差が，今後の技術革新の進展に伴い，さらに深化し得る点です。

人工知能（AI）やロボットなどによる加速度的な技術革新がもたらす社会の大きな再編成――いわゆるデジタル・トランスフォーメーション――がさらに進むにつれ，社会全体の生産性はさらに高まり，新たなサービスや雇用の創出が見込まれます。そうした変化に順応できる高度のスキルやリテラシーを「持つ者」にとって，それは大いなる機会の拡大を意味するでしょう。その一方，「持たざる者」にとってそれは社会参加へのハードルがますます上がることを意味します。単純労働はAIやロボットにとって代わられる公算が高いです。また，コロナ禍で普及したテレワークは雇用の海外流出を加速し，さらなる空洞化を助長しか

ねません。コロナ禍によって労働者層や貧困層の教育機会はすでに深刻な影響を受けており，格差拡大に拍車がかかることが危惧されています。

　希望と尊厳を失った人々が現状破壊を訴え，トランプ以上に過激な，反エリートを掲げるポピュリスト政治家——右派であれ左派であれ——を「救世主」として待望する可能性も否定できません。少なくとも，そうした破壊願望に訴えることは選挙戦略や統治手法として効果的であり続けるでしょう。

（2）保守的なマイノリティ

　前節では人口構成の多様化がリベラル化を促す可能性を述べましたが，教育格差や経済格差の拡大の方がより大きな影響をもたらす可能性も否定できません。かねてより排外主義的な言動が目立ったトランプですが，再選を目指した2020年の大統領選では黒人やヒスパニック系，アジア系，イスラム教徒などマイノリティからの得票率は前回（2016年）よりも増加しています。例えば，メキシコとの国境を流れるリオグランデ川沿いに位置するテキサス州ザパタ郡（人口約1万4000人）。ヒスパ

図表10-4　トランプ支持を訴えるヒスパニック系の人々
（2016年の共和党大会にて）

ニック系が人口の85%を占めますが，2020年には５ポイント以上の差で
トランプが勝利しました。同郡は2012年にはオバマが43ポイント，16年
にはヒラリー・クリントンが33ポイントの差で大勝した民主党の牙城
で，住民の多くはトランプの移民政策や国境壁建設には反対していまし
た。しかし，地元のエネルギー産業に依存した労働者層が多く，バイデ
ンが提唱する脱化石燃料の方針に強く反発したのです（*Austin American-
Statesman*, November 5, 2020）。背に腹は代えられない現実があるという
ことです。

　教育格差と経済格差は密接に結びついていますが，マイノリティ集団
の中でも，黒人やヒスパニック系の大卒者の割合は白人を下回っていま
す。もちろん，アジア系やイスラム系の中にも低学歴層や労働者層は少
なくありません。移住して間もない新移民は比較的所得水準が低く，そ
れゆえ政府からの支援への依存度が高いですが，社会進出が進み，ミド
ルクラス，あるいは富裕層になるにつれ，減税や規制緩和を求めるな
ど，共和党支持が増す傾向もあります。

　また，マイノリティ集団の中にはジェンダーや宗教に関して保守的な
価値観を持つ者も少なくなく，新移民ほどその傾向が強いとされていま
す。

　つまり，人口構成が多様化したとしても，必ずしもリベラルな価値観
が共有されるわけではなく，むしろ対立や分断がますます深まり続ける
シナリオも十分あり得るということです。

（3）加速するデータ戦
　悲観的シナリオのもう一つの根拠はデジタル化の加速がもたらす負の
影響です。デジタル化そのものについては，不在者投票が容易になる，
民意を広く捉えることができるなど，多くの利点があることは確かで

す。

　その一方，民主主義の根幹をなす選挙はすでにデータ戦の様相を濃くしています。例えば，2020年の大統領選の際，バイデン陣営はグーグルの元最高経営責任者（CEO）エリック・シュミットが出資したデータ分析会社「シビス・アナリティクス」と契約。AIを活用しながら大量の行動データを収集・解析し，アリゾナやペンシルバニアなどの接戦州や白人労働者層，若年層，無党派層をターゲットにした緻密な集票戦略を展開しました。その際，推定所得，不動産，医療保険，購買パターン，人種や民族などの属性データ，教会への出席などをデータ会社から購入し，かつ有権者のスマートフォンの利用履歴や位置情報をプロファイリング（分析・予測）し，ターゲット層ごとにメッセージの内容や表現，広告の掲載先，候補者の訪問先などを変えていきました。データ活用の度合いは日本の選挙の比ではありません。

　このように有権者の日々の生活の一挙手一投足がデータ化されると同時に，有権者の判断や行動に介入する状況が加速しています。当然，こうした壮大なオペレーションを展開するには巨額の資金を必要とするため，民主・共和の二大政党以外の小政党はさらに不利な状況に置かれています（二大政党は選挙資金の面で法的に優遇されており，かつ長年引き継がれてきた献金者名簿や全米に張り巡らされたボランティアのネットワークを有しています）。

　加えて，メディアもオーディエンスの政治的指向に沿ってセグメント（細分）化する傾向にあり，とりわけインターネット空間では同じ主張が反響し増幅する「エコーチェンバー現象」やアルゴリズム（計算手順）によって関心のある情報ばかりが表示される「フィルターバブル現象」が生じやすくなっています。元来，人びとを「つなぐ」ツールとして期待されたインターネットですが，確かに多くの恩恵をもたらしてい

る一方，社会の対立や分断をさらに助長してゆく可能性も否定できません。

3．部族主義

（1）分断をどう考えるか

もっとも，社会の対立や分断は今になって始まったことではありません。建国以来，アメリカはつねに分裂しており，やや挑発的な言い方をすれば，一つにまとまらないことがアメリカの活力の源泉になってきた面もあります。

アメリカの政治学者サミュエル・ゴールドマンは『アフター・ナショナリズム』（*After Nationalism*, University of Pennsylvania Press, 2021, 未邦訳）でその点について興味深い考察を加えています。ゴールドマンは，アメリカ人はこれまで常に「アメリカとは何か」という共通のアイデンティティ探しを行い，競い合い，そして失敗してきたと論じます。その際，具体的には3つの支配的ナラティブ（ナショナリズム）の破綻を指摘します。

まず，第1に，建国前後の「聖約（covenantal）ナショナリズム」で，ピューリタン（清教徒）やメイフラワー号に象徴される，神と契約を交わした選民的な国家を理想とする考えです。それはアングロサクソン系の白人プロテスタント——いわゆるワスプ（WASP）——を政治・経済・文化の中核，地域的にはニューイングランド地方（北東部）を中心とするアメリカ理解でもあります。しかし，南部などニューイングランド以外の地域における影響力は限定的で，アイルランド系やイタリア系など非アングロサクソン系，非プロテスタントの移民が増加するにつれ訴求力を失っていったとゴールドマンは指摘します。

第2に，「坩堝（crucible）ナショナリズム」で，多様な人種や民族が

溶け合い，新たな文化や社会が形成される国家を理想としています。19世紀半ばの西部開拓（西漸運動）以降に積極的に標榜されましたが，南北戦争やその後の南部再建の放棄によって頓挫。加えて，アジアなど世界各地から大量の移民が流入し，都市部を中心に軋轢や排斥が強まるなか，このアメリカ理解も効力を失っていきました。

　第3に，「信条（creedal）ナショナリズム」で，独立宣言や合衆国憲法に象徴される，「理念の共和国」を理想としています。しかし，ゴールドマンによれば，20世紀半ばに全体主義や共産主義と対峙するまで，アメリカ人はこうした自国理解に乏しかったと言います。それ以降，確かに，リベラル民主主義の旗印のもとに国際関与や対外介入を強め，国内でも差別や格差の解消に取り組みました。しかし，ベトナム戦争の頃にはすでに亀裂が生じ，その後も価値やアイデンティティをめぐる争いが先鋭化するなど，やはり破綻しつつあると論じます。

　ゴールドマンは，アメリカは常に分裂状況にあり，単一のアイデンティティを拒んできたとし，第二次世界大戦前後の国民的結束はあくまで例外であり，現在はむしろ「歴史的な平均値」に戻りつつあると指摘します。それゆえ，1940〜50年代への郷愁に駆られ，一枚岩のナショナリズムによる国民的結束を求めることは，非現実的なだけではなく，かえって対立や分断を深めるだけだと指摘します。むしろ，現実としての人々のアイデンティティの多様性を認め，ローカルな共同体による小さな試みを促し，拡大してゆくことが肝要だとゴールドマンは説きます。それが「アフター・ナショナリズム」，すなわち「ナショナリズムの後」の時代のあるべきアメリカの姿というわけです。

　言い換えると，第1節で提示した楽観的シナリオは国民的結束を前提とし過ぎている点で楽観的すぎる一方，これまで国民的結束が破綻し続けてきた点を鑑みれば，第2節で提示した悲観的シナリオは悲観的すぎ

るというわけです。

（2）問われる求心力

　とはいえ，ゴールドマンの指摘を以て今日の分裂状況を楽観視できる
かは分かりません。近年のアメリカ政治は，従来とは異なり，共和党
（保守）と民主党（リベラル）の双方が重なり合う領域，すなわち妥協
の余地がますます少なくなっており，南北戦争以降，最も分裂した状態
にあるとの見方もあります。コロナ禍のような市民の生命（いのち）と
財産（くらし）を脅かす国家的危機を前にしても求心力は働きませんで
した。それどころかマスク着用といった基本的な防疫行為すら政治化さ
れ，対立や分断を深める格好になりました。

　1958年に米ギャラップ社が「もしあなたに結婚適齢期の娘がいて，他
の条件が同じ場合，民主党と共和党のどちらの相手と結婚させたいか」
と尋ねたところ，18％が民主党，10％が共和党を選び，72％が「気にし
ない」と回答しました。しかし，2016年には28％が民主党，27％が共和
党を選ぶ一方で，「気にしない」と回答したのは45％にまで減少してい
ました（*New York Times*, January 31, 2017）。対立や分断がもはや感情
的・生理的なレベルまで深まっていることを示唆するものです。

　加えて，昨今の分裂状況は政治的トライバリズム（部族主義）の様相
を呈しています。トライバリズムとは，ここでは人種や民族，宗教，
ジェンダー，教育，所得，世代，地域などの差異に沿って，各自が自ら
の集団の中に閉じこもることを指します。それだけなら目新しくはない
のですが，問題は自らの"部族"を「被害者」「犠牲者」とみなし，他
の"部族"を制圧しようとする点に今日的な特徴があります。

　アメリカ社会はトライバリズムを克服することができるのでしょう
か。分裂する世論の裂け目から民主主義が全体主義へと転落してしまっ

た過去のドイツの事例はあります。ドイツが再生したのは戦争で国家が解体した後です。そうした破滅的状況に至ることなく，分裂状況を克服した民主主義国家の事例はなかなか思い浮かびません。権威主義国家であれば上位下達の強制力を以って国民的結束を演出することは可能かもしれません。しかし，そうした強権的手法は民主主義国家にとって自滅的行為に他なりません。アメリカがどうトライバリズムを克復してゆけるか。それは民主主義そのものにとっての挑戦でもあります。

参考文献

阿川尚之『どのアメリカ？』ミネルヴァ書房，2021

佐久間裕美子『We の市民革命』朝日出版社，2020

スティーブン・レビツキー，ダニエル・ジブラット（濱野大道 訳）『民主主義の死に方』新潮社，2018

フランシス・フクヤマ（山田文 訳）『IDENTITY（アイデンティティ）尊厳の欲求と憤りの政治』朝日新聞出版，2019

渡辺将人『メディアが動かすアメリカ』筑摩書房，2020

11 | アメリカ社会の争点④ ：外交・安全保障

《**目標＆ポイント**》　社会の分断状況やポピュリズムの台頭が，アメリカの外交・安全保障に与える影響について振り返る。
《**キーワード**》　アメリカ例外主義，アメリカ帝国論，アメリカ衰退論

1．アメリカ例外主義

（1）「地上の最後の，最良の希望」

　第7章でオバマ，トランプ両大統領が「アメリカはもはや世界の警察官ではない」と述べた点に言及しました。それぞれ意味するところは大きく異なりますが，いずれも第二次世界大戦後にアメリカが自ら引き受けた役割を「縮小」ないし「放棄」するのではとの不安が同盟国を中心に広がりました。

　ただし，政策的には対外関与を後退させる可能性はあるにせよ，文化的には決して容易なことではありません。なぜなら，それはアメリカのアイデンティティ（自己理解や自画像）の根幹に深く関わる問題だからです。第3章で述べたように，アメリカは近代の啓蒙主義的な理念に基づいて作られた「実験国家」です。17世紀の清教徒の指導者でマサチューセッツ湾植民地の初代総督を務めたジョン・ウィンスロップはアメリカを，ヨーロッパの旧世界とは異なる，崇高で，例外的な場所であるとして「私たちは丘の上の町になるべきだ」と説きました。その精神

は独立宣言や合衆国憲法へと引き継がれていきました。

　アメリカを代表する詩人ラルフ・ウォルドー・エマーソンは1837年にハーバード大学で行った「アメリカの学者」と題するこの講演のなかで「よその国に追従してきた私たち（アメリカ人）の長い修行時代は終わろうとしているのです。私たちは自らの足で歩き，自らの手で働こうではありませんか。そして自らの心を語ろうではありませんか」と説き，旧世界＝ヨーロッパからの「知的独立宣言」と評されました。

　「丸太小屋からホワイトハウスへ」を体現したリンカン大統領に象徴される，立身出世の「アメリカン・ドリーム」の語りも，旧世界に対するアメリカの道義的な優位性を示す意味で用いられることが多いです。そのリンカンがアメリカを形容した「地上の最後の，最良の希望」(The Last Best Hope of Earth) という言葉についても然りです。自らが旧世界とは異なる「新世界」であり，「あるべき世界」であるという強烈な自負心が感じられます。アメリカ以外でここまで自国を強く肯定できる国は少ないでしょう。

（2）「世界の縮図」

　加えて，国土の広大さや民族・宗教・言語的な多様性ゆえに，いわば「世界の縮図」として，自らと世界とを同一視する傾向も強いです。つまり，アメリカの特殊性はその普遍性にあるという自己認識です。「アメリカ例外主義」ないし「アメリカニズム」とも称されるこの発想は，アメリカ流のナショナリズムの基盤を成すものです。それは特定の宗教や民族ではなく，自由・平等・人民主権・法の支配といった，啓蒙主義思想に基づく，より普遍性の高い理念に根ざしている点を特徴とします。それゆえに，民族・宗教的（ethno-religious）ナショナリズムと区別するため，市民的（civic）ナショナリズム，あるいは単にペイトリオ

ティズム（愛国主義）と称されることもあります。

　そして，重要なことは，孤立主義にせよ，介入主義にせよ，どちらもこの「アメリカ例外主義」を下敷きにした，表裏一体の関係にある点です。アメリカは特別な国なので旧態依然とした世界の醜い争いには巻き込まれたくないという考えは孤立主義を正当化します。逆に，特別な国であるがゆえに，野蛮な世界を啓蒙しなければならないという考えは介入主義の論拠となります。

　例えば，ヨーロッパとの相互不干渉を提唱したモンロー教書（1823年）に見られる孤立主義と，その後の中南米への強圧的な「棍棒外交」に象徴される介入主義は，政策的には大きく異なりますが，この米国例外主義を下敷きにした，表裏一体の関係にあります。

　オバマは「アメリカはもはや世界の警察官ではない」と述べつつ，「アメリカは世界における指導的立場を担っていかなければならない。今でも例外的で特別な国だ」と語っています。孤立主義と介入主義の折衷案のようで，いかにも紛らわしく，アメリカの自己認識の揺らぎを印象づけるものですが，「アメリカ例外主義」という観点からすると，実は，それほど矛盾も乖離もしていないと言えます。

　「アメリカ例外主義」は，アメリカをアメリカたらしめている，あまりに重い，核心的なイデオロギーであるため，それを棚卸しすることは容易ではありません。泥沼化したアフガニスタンやイラクへの介入経験から，オバマ以降の米国は厭戦ムードや内向き傾向を強めていますが，それを以て「アメリカ例外主義」の終焉と見なすのはいささか短絡的と思われます。「アメリカ例外主義」は一時の安全保障や経済の動向に還元されることのない，アメリカという「実験国家」のアイデンティティの根幹に関わるものだからです。

（3）フロンティア精神

　「アメリカ例外主義」という言葉を最初に用いたのはトクヴィルです。トクヴィルがアメリカを視察した当時の大統領はアンドリュー・ジャクソンでした。ジャクソンは東部の独立13州に関係のない辺境の開拓地（フロンティア）出身の初の大統領で，経済的事情から十分な教育を得ることのできなかった経緯があります。それまでの東部の名家出の大統領とは明らかに出自が異なります。それでも大統領の座を射止めることができたことはフランスの貴族出身のトクヴィルを強く印象付けました。封建的な身分制社会とは異なる社会の統治原理を持つ実験国家としてのアメリカは，当時，極めて例外的でした。同時に，トクヴィルはそうした民主主義的な理念の世界的拡大を不可避と考えました。「私はアメリカの中にアメリカ以上のものを見た」とはそういう意味です。

　第2章でジャクソンが先住民強制移住法を制定するなど西部開拓（西漸運動）を加速した点や，アメリカの優越性の信念が「明白なる運命」としてメキシコとの開戦を正当化した点，さらには海外領土拡大への野心とつながった点を記しました。20世紀初頭のアメリカの歴史家フレデリック・ターナーはアメリカの精神史や思想史を理解する上でフロンティアが果たしてきた役割を強調しました。いわゆる「開拓者精神」（frontier spirit）こそはアメリカを特徴づける本質というわけです。小説家ローラ・インガルス・ワイルダーが19世紀末の西部開拓時代の中西部で過ごした少女期を舞台に描いた『大草原の小さな家』

図表11-1　アンドリュー・ジャクソン大統領（1845年4月15日に撮影されたダゲレオタイプの写真）

などは今でもアメリカ人の琴線に触れるものがあります。

今日でもシリコンバレーに象徴されるスタートアップ・ベンチャーや（より広い意味での）進取の精神はアメリカ的価値の象徴とみなされています。そして，1990年代に元々アメリカの軍用ネットワークとして開発されたインターネットが民生利用され，アメリカを超え，世界各地にフロンティアを拡げてしてゆきました。GAFAM（グーグル，アップル，フェイスブック＝メタ，アマゾン，マイクロソフト）と称されるアメリカ発のプラットフォーマーはもはや多くの国々の社会インフラの一部を成すまでに遍在化しています。「アメリカで成功すれば世界で成功する」というビジョンは「世界の縮図」としての「アメリカ例外主義」を連想させるものです。そして，アメリカ人のみならず，往々にしてアメリカ以外に暮らす私たちの思考の中にも深く浸透しているビジョンでもあります。

図表11-2 『大草原の小さな家』の初版（1935年頃）

2. アメリカ帝国論

（1） 2つの「帝国」

アメリカこそは「世界の縮図」であるとする「アメリカ例外主義」は一種の選民思想であり，それは世界から孤立することで自国を守ろうとする態度にも，逆に，世界を自国のように変革しようとする態度にもなり得ます。とりわけ後者の場合，「アメリカ例外主義」は「帝国」に限りなく接近することは想像に難くありません。

ただ，「帝国」には大きく2種類あります。

　一つは「古典的帝国（前近代的帝国）」で，その特徴は「完結した一つの世界」として自らを捉える点にあります。それゆえ，帝国の内部では民族・宗教・言語などの多様性に比較的寛容であるのに対し，帝国の外部に関しては，その存在を肯定することはなく，しばしば征服や略奪の対象にします。ローマ帝国やオスマン帝国，ムガール帝国などがその典型です。

　もう一つは「植民地帝国（近代的帝国）」で，こちらは中核的な国民国家による領土拡張や植民地経営を特徴とします。従属地の待遇などは著しく不平等で，しばしば反乱の原因となりました。また，古典的帝国と比べると，帝国の内部では同化圧力や社会統制が厳しいのに対し，帝国の外部に関しては，自国の利益を脅かさない限り，その存在を否定することはありません。

（2）古典的帝国

　このうち「アメリカ例外主義」と親和性が高いのは「古典的帝国」のほうです。アメリカ国内では"E Pluribus Unum"（「多数から一つへ」「多様性の中の統一」などと訳されるラテン語）がモットーとされ，国

図表11-3　国璽に刻まれた"E Pluribus Unum"の文字

璽（国家の表徴として押す官印）や硬貨にも記されています。その一方，アメリカの理念の外に存在する集団や国家を「他者」にせしめ，包摂しようとする傾向を持ちます。つまり，忌まわしい「他者」を常に作り出し，対峙することで，自らの正当性や存在意義を再確認するというわけです。2001年の同時多発テロ後，ブッシュ（子）大統領によって発せられた「テロとの戦い」「文明の戦い」「進歩と多元主義と寛容と自由を信じる全ての人びとの戦い」「民主主義のグローバルな普及」といった勇ましいレトリックはその好例と言えます。

　アメリカはもともとイギリス帝国の植民地で，そのイギリスを否定して生まれた，いわば「反帝国」の共和国ですが，「明白なる運命」のスローガンのもと，上述したように先住民の部族国家の制圧や米墨戦争などによる領土拡張を続け，フロンティアが消滅した19世紀末以降は，米西戦争によってフィリピンを「公式」の植民地とするに至りました。ヨーロッパ列強や日本と比べると限定的であるにせよ，近代的帝国（いわゆる帝国主義国家）としてのモーメントが存在したのは確かです。ただし，米西戦争以後は，植民地の領有に対する国内の反発もあり，門戸開放型の海外展開が主流となりました。第二次世界大戦後は，アメリカ自身，植民地の解放を推進する外交的立場を基本としています。アメリカの国力の強大さや影響力の大きさに不満を抱く立場からアメリカの姿勢を「植民地主義」「帝国主義」に例える向きもありますが，あくまで通俗的なレトリックであり，厳密さには欠ける用法です。

（3）帝国の寿命

　ちなみに，「占領」と「植民地支配」は異なります。相手国の主権を完全に奪い，直接的な統治を行い，自国民を入植させ，資源を収奪するのが植民地支配です。現地の住民のアイデンティティの基盤となる言語

図表11- 4　ドイツ南西部に位置するヨーロッパ最大の米空軍基地（ラムシュタイン米空軍基地）

　や宗教の同化政策を伴うこともあります。アメリカは日本やイラクを占領しましたが，植民地にはしませんでした。また，占領した場合も比較的短期間で現地への主権移譲がなされています。ましてや米軍の「駐留」と「植民地支配」は異なります。例えば，ドイツには米軍が駐留していますが，ドイツをアメリカの植民地と見なすのは無理があります。

　興味深いのは南太平洋のアメリカ領サモアの事例です。国連の非植民地化特別委員会は，いまだ世界に残る16の「非自治地域」の１つにアメリカ領サモアを挙げ（アメリカ領では他にグアムとバージン諸島），自決のための固有の権利に関する調査と協議を促しています。しかし，アメリカ領サモアは国連に対して，「アメリカの植民地ではない」「アメリカから分離・独立する意思はない」と宣言しています。連邦政府からの補助金や政府関連の雇用の恩恵は大きく，アメリカの一部であることに誇りを持つ住民も少なくありません。独立してしまえば南太平洋の一小国になってしまうというわけです。

　むしろ，国際法に背いたまま，人工島の造成や軍事拠点化など南シナ海の実効支配を進める近年の中国の姿の方が植民地帝国に近いと言えま

図表11-5　アメリカ領サモアの議会議事堂（著者撮影，2006年）

図表11-6　アメリカ領サモアの高位首長と政府職員（著者撮影，2006年）

す。新興国に巨額の借款を行う代わりに重要インフラを担保として差し
押さえる手法は，しばしば「新植民地主義」と批判されています。かつ
て中国が欧米列強や日本に半植民地化された過去を想起するといかにも
皮肉ですが，当時の屈辱感が「中華民族の偉大な復興という中国の夢」
を掲げる今日の中国のナショナリズムの源泉になっていることは確かで
しょう。国内の統制を強める一方，自国の利益を脅かさない限り，他国
の体制変革や社会主義の世界的拡大への関心は低い点も植民地帝国と近
似しています。

　ちなみに，世界史に登場した50〜70ほどの主たる帝国の存続期間を比較した歴史学者ニーアル・ファーガソンによると，古典的帝国のほうが植民地帝国よりも総じて寿命が長いそうです。その理由として，植民地帝国＝近代的帝国の方がより中央集権的で，内部統制が厳しく，多様性に不寛容な分，民族蜂起や独立運動など，被支配者からの抵抗に晒されるリスクが高い点を挙げています（Niall Ferguson, "Empires with Expiration Dates," *Foreign Policy*, September/October 2006）。

3．アメリカ衰退論

（1）"相対的"衰退論

　オバマ，トランプ両大統領による「アメリカはもはや世界の警察官ではない」という発言は，当時，アメリカの衰退の象徴と受け止められました。しかし，歴史的には，アメリカ衰退論そのものは何ら珍しいものではありません。1950年代のスプートニク・ショック，70年代のドル・ショック，90年代のバブル・ショック，そして2008年のリーマン・ショックなどに呼応する形で，およそ20年ごとに流行っては，消えていった経緯があります。勢いがなくなると「衰退」や「没落」と批判され，勢いを取り戻すと「帝国」や「覇権」と批判されるのがアメリカです。これは超大国の宿命かもしれません。

　もっとも，中国を筆頭とする，インドやブラジルなど新興国の著しい台頭は，これまでアメリカの衰退が論じられた文脈とは大きく異なります。「アメリカの世紀」あるいは「パックス・アメリカーナ（アメリカによる平和）」と称された20世紀，とりわけ第二次世界大戦以降のような強い覇権の維持は難しそうです。「アメリカ抜きで解決できる国際問題はない」局面よりも「アメリカだけで解決できる国際問題はない」局面が目立つようになっています。そうした意味の，いわば「"相対的"

衰退」論については，専門家の間でも広く共有されていると言ってよい
でしょう。

　「アメリカはもはや世界の警察官ではない」というオバマやトランプ
の認識はアメリカが自らの役割を「限定」ないし「選択」することを含
意します。それは確かに消極的に映りますが，戦略的な「限定」や「選
択」は必ずしも「衰退」や「没落」と同義でなければ，その論拠にもな
りません。

（2）ハードパワー大国

　ただし，ハードパワー（軍事力や経済力）とソフトパワー（文化やメ
ディアの力）の個々のポートフォリオを見比べる限り，少なくとも
「“絶対的”衰退」論は当てはまりません。

　例えば，世界の軍事情勢を分析しているストックホルム国際平和研究
所（SIPRI）の報告書（2021年）によると，アメリカの国防予算は第 2
位の中国の約 3 倍で，米国に続く11か国の総額を上回り，世界全体の国
防予算の約 4 割を占めています。米アメリカン大学の報告書（2021年）
によると，米兵は159か国に17万人以上が駐留し，米軍基地・施設は80
か国以上の約750か所に存在しています（日本では全国120か所に約 5 万
3000人の米兵が駐留しており，ともに世界最多）。軍事技術も世界有数
です。初代大統領ワシントンは辞任演説のなかで海外との恒久的な軍事
同盟を戒めましたが，米国は1947年に南米諸国と米州共同防衛条約（リ
オ協定）の締結に踏み切りました。北朝鮮以外に同盟国を持たない中国
とは対照的に，現在，米国は30か国以上と（狭義の）同盟関係にありま
す。

　経済力についても，国際通貨基金（IMF）のデータ（2021年）による
と，2020年の名目国内総生産（GDP）は第 2 位の中国の約1.4倍で，国

民1人当たりの名目GDPは約6倍。増加する移民とその高い出生率に支えられて米国の人口は2050年までに5000万～1億人程度増加すると見込まれています。かたやヨーロッパでは2050年までに人口が1億人程度減少するとされ，かつ経済統合は難航しています。中国では労働力がすでに縮小傾向に転じ，現在6対1の労働者と退職者の割合は2040年までに2対1に減少するとされています。加えて，賃金の上昇に伴い，労働力が高価になっています。

図表11-7　ニューヨーク証券取引所（NYSE）
米国マンハッタン出身のジェフリー・ゼルドマン，CC BY 2.0, via Wikimedia Commons

　また，アメリカは2010年代初頭のシェール革命によって潜在的には世界最大の産油国となり，サウジアラビアに代わるスイングプロデューサー（価格の安定を図る調整役）となり得ます（ただし，化石燃料からの脱却を求める声の高まりとともに積極的な掘削には国内からの反発も強まっています）。人民元の影響が増しているとはいえ，米ドルを基軸通貨としない合理的な理由は今のところ見当たらず，世界の準備通貨としての価値も高いです。さらには世界最大の食糧輸出国でもあり，食糧の高騰や不足に対して一定の影響力を担保しています。中小企業やベンチャー企業への投資も盛んで，世界の金融市場はニューヨーク株式市場とより強く連動するようになっています。

（3）ソフトパワー大国
　ソフトパワーに関しても，映画や音楽，スポーツなど大衆文化はもち

図表11-8　高等教育機関（シリコンバレーに位置するスタンフォード大学）
ジョード・カリム，CC BY-SA 3.0 〈http://creativecommons.org/licenses/by-sa/3.0/〉, via Wikimedia Commons

ろん，高等教育や市民社会などの分野でも，アメリカは優秀な人材を惹き付け続けています。アメリカに対するもっとも辛辣な批判でさえ，実は，アメリカの大学や知識人から発せられている場面も少なくありません。アメリカは熱意に満ちたイノベーターが目指す国であり，多くの場合，企業の研究開発における世界の中心でもあります。加えて，移民がもたらす多様性やネットワークは文化的なレジリエンスの源泉となっています。覇権の維持には，ハードパワーのみならず，ソフトパワーが不可欠なことは世界史の示すところです。そして，それは中国やロシアには得難いパワーでもあります。

　このように考えると，アメリカはすなわちハードパワーとソフトパワーを他国よりも豊富に有しているとさえ言えます。むしろ，アメリカにとって最大の不安要素は，格差拡大に伴うミドルクラスの縮小，そして党派対立や硬直した利害関係による国内ガバナンスの機能不全にあります。かつては「資本主義対共産主義」という国際政治の構図が存在しましたが，近年は，むしろ「民主主義対権威主義」へと変化しつつあり

ます。第二次世界大戦後に構築された「法の支配」に基づくリベラルな
国際秩序を如何に維持し，発展させてゆけるか。優れたパワーのポート
フォリオを有するアメリカですが，果たしてそれに見合う役割をどのよ
うに果たしてゆけるか。アメリカの中でもさまざまな意見があり，まさ
に模索している最中です。

参考文献

アルフレード・ヴァラダン（伊藤剛ほか　訳）『自由の帝国』NTT 出版，2000
岡田泰男『フロンティアと開拓者』東京大学出版会，1994
ジョセフ・ナイ（村井浩紀　訳）『アメリカの世紀は終わらない』日本経済新聞出版，
　2015
山下範久『現代帝国論』日本放送出版協会，2008
渡辺靖『沈まぬアメリカ』新潮社，2015

12 | アメリカ社会の争点⑤
：リベラル国際秩序

《**目標＆ポイント**》 今日の分断状況やポピュリズムの台頭が，いわゆる「リベラル国際秩序」に与える影響について再考する。
《**キーワード**》 民主主義の退行，リベラル国際秩序，リトレンチメント論争

1. 民主主義の退行

（1）「民主主義の盟主」？

　第11章でアメリカが人類史における「実験国家」＝「民主主義の盟主」であるとの強い自意識を抱いていることを論じました。しかし，実際には「民主主義の盟主」と称するには躊躇される現実も少なくありません。2020年の大統領選では投票日が近づくにつれ，暴動や略奪行為を警戒し，窓に板を打ち付ける店舗や街をパトロールする警官の姿が目立ちました。翌年1月には選挙結果に不満を抱く暴徒が民主主義の象徴とも言える連邦議会議事堂を襲撃するという前代未聞の出来事も発生しました。選挙結果の基本的な事実にすら認識を共有できないほど対立と分断が深まっています。

　公民権運動が佳境を迎えていた1960年代も喧騒の時代でしたが，たとえば1964年には政府への信頼度は77％ありました。しかし，その後，湾岸戦争（1991年）や同時多発テロ（2001年）などの有事を除き，基本的には右肩下がりを続け，2010年以降は20％以下の低水準で推移していま

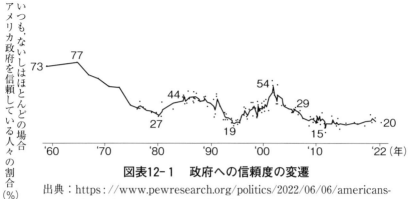

図表12-1　政府への信頼度の変遷

出典：https://www.pewresearch.org/politics/2022/06/06/americans-views-of-government-decades-of-distrust-enduring-support-for-its-role/

す（図表12‒1参照）。

　加えて，第9章で記したように，所得格差を示すジニ係数に関して，アメリカはOECD主要国の中で最も高くなっています。OECDの統計によると，コロナ禍前の2019年の時点で，アメリカの相対的貧困率（全世代）は18.0％を記録しており，世界の主な国々と比較しても，南アフリカ（27.7％），ブラジル（21.5％），コスタリカ（19.9％）に次ぐ高さとなっています（ちなみに日本は15.7％）。相対的貧困率は世帯所得が全世帯の平均値以下を指し，数値が大きいほど格差が広がっていることを意味します。アメリカ政府の発表によると，コロナ禍前の2019年の時点で，全米のホームレス人口は約57万人で，カリフォルニア州，ニューヨーク州，フロリダ州の順番に高くなっています。同年の日本のホームレスは約4500人です（厚生労働省）。アメリカの人口が日本の3倍であることを鑑みても極めて高い数字と言えます。

　さらには，アメリカは世界有数の銃社会でもあり，4億丁近い銃が出回っているとの統計もあります。これはアメリカ国民1人当たり1丁を

図表12-2　ホームレスが集まるロサンゼルス市中心部の
スキッドロウ地区
Jorobeq at English Wikipedia, CC BY 2.5, via Wikimedia Commons

超える割合です。米疾病対策センター（CDC）によると，2020年には，
19歳以下の死因として銃に起因する件数の割合が交通事故を超え最大と
なりました。

（2）民主主義の法人化

　アメリカの選挙には，テレビ広告費をはじめ，莫大なカネがかかりま
す。2010年に連邦下院議員（アーカンソー州）に立候補し敗れたデー
ビッド・ボリングは選挙戦当初の経験を次のように回顧しています。

　机に座って，新たな仕事を始めようと思っていると，ボスがオフィス
に入ってきて，木製の猿を私の机の上に置いたのです。猿は耳に受話器
をあてていました。「おめでとう。これからあなたは電話をかける猿で
す。どんどん電話してお金を集めてください」と彼女は意気軒昂に私に
告げたのです。（中略）彼女は私の選挙コンサルタントです。（中略）選

挙期間中，私の時間の70％から80％は電話での資金集めでした。ある日は90件もの電話をかけました。しかし，スタッフはもっとかけろと催促してきます。どうやら私の電話は長すぎるようで，1件あたり2，3分に収めてほしかったようです。（中略）政策について勉強し支持者と固い握手を交わすよりも，お金を集めるスキルのほうがより重要なのです。その猿を見るにつけ，私はこの現実を思い出します。そして疑問に思うのです。これが本当に我々の望む民主主義の姿なのか，と（ワシントンポスト紙，2014年6月6日，著者訳）。

　下院よりもはるかに選挙区が大きく，定員が各州2人の上院議員選挙になると1億ドル，大統領選挙ともなると10億ドルの選挙資金が必要とされています。

　アメリカでは連邦選挙運動法（FECA）が制定された1971年以降，度重なる法改正によって企業や個人による献金が制限されてきました。しかし，それでも企業や労働組合が「政治活動委員会」（PAC）という資金団体——いわば勝手連——を設立し，そこを窓口にして社員や団体職員が献金を行うことは可能です。2010年には，連邦最高裁判所が，企業や労働組合，非営利団体による選挙広告費に対する制限を違憲とする判決を下しました。合衆国憲法が保障する「言論の自由」は，個人と同様に法人にも当てはまるというのがその理由です。その結果，候補者から独立した政治団体は有権者や企業から無制限の寄付を受け取ってよいことになり，「特別政治活動委員会」（スーパーPAC）として巨大化しました。オバマ大統領（当時）はこの判決が利益誘導政治を助長するとして強く反発，議会に影響を最小化するための超党派の法案の可決を促しましたが，石油大手や銀行，保険会社など大企業に堅固な支持基盤を持つ共和党の支持は得られませんでした。まさに「民主主義の法人化」と

も言うべき状況です。アメリカの民主主義の主役が本当に「市民」なのか不安視する声は絶えません。

（3）世界的な退潮

　こうした民主主義をめぐる窮状はアメリカに限った話ではありません。スウェーデンの独立調査機関 V-Dem 研究所は約200か国を対象に1900年頃から現在まで毎年の民主主義の程度を測定した世界最大の民主主義データベース「V-Dem」（Varieties of Democracy）を制作・公開しています。それによると民主主義国家の数は2010年代初めにピークアウトし，19年には非民主主義国家が逆転。18年ぶりに民主主義国家が少数派に転落しました。2021年の報告書によると，閉鎖的な権威主義国家（closed autocracy）と選挙を伴う権威主義国家（electoral autocracy）に暮らす世界人口の割合は2010年からの10年間で48%から68%に増加。定期的な選挙と三権分立を有するリベラル民主主義国家に暮らす人口割合

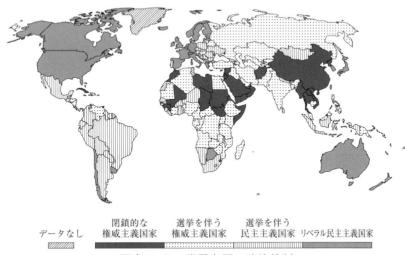

データなし　閉鎖的な　選挙を伴う　選挙を伴う
　　　　　権威主義国家　権威主義国家　民主主義国家　リベラル民主主義国家

図表12-3　世界各国の政治体制

は16％から14％に減少しています。

その理由の一端として新型コロナウイルスの影響も無視できません。民主主義国家ではコロナ対応をめぐって世論が割れ，利害関係の調整に手間取る中，市民の政治不信が募っていきました。その一方，権威主義国家ではコロナ対策を名目に監視強化や人権侵害を正当化するようになりました。加えて，欧米の民主主義国家が自国のコロナ対応に追われ，他国の政治状況に関与する余裕を失う中，その隙を捉えて強権化が進んだ面もあります。

2．リベラル国際秩序再考

（1）リベラル国際秩序とは

とりわけ近年は中国やロシアなどの権威主義国家の影響力拡大を前に，自由主義に基づく第二次世界大戦後の国際秩序――いわゆる「リベラル国際秩序」（Liberal International Order）――を擁護し，その防守を求める声が高まっています。リベラル国際秩序の直接的な起源はウィルソン大統領による「14か条の平和原則」（1918年），フランクリン・ルーズベルト大統領による「４つの自由」演説（1941年）やウィンストン・チャーチル英首相との共同宣言「大西洋憲章」（同年）に遡ります。その根底には，自由で開放的な制度や規範は，いずれ非自由主義的な国にも恩恵をもたらし，より普遍的かつ協調的な国際秩序の形成につながるとの信念がありました。

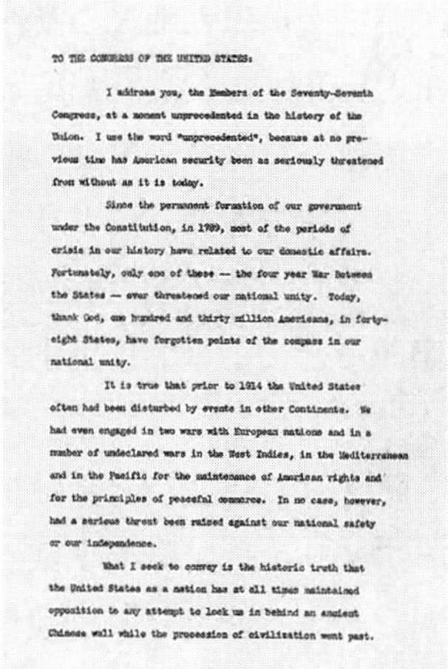

TO THE CONGRESS OF THE UNITED STATES:

I address you, the Members of the Seventy-Seventh Congress, at a moment unprecedented in the history of the Union. I use the word "unprecedented", because at no previous time has American security been as seriously threatened from without as it is today.

Since the permanent formation of our government under the Constitution, in 1789, most of the periods of crisis in our history have related to our domestic affairs. Fortunately, only one of these — the four year War Between the States — ever threatened our national unity. Today, thank God, one hundred and thirty million Americans, in forty-eight States, have forgotten points of the compass in our national unity.

It is true that prior to 1914 the United States often had been disturbed by events in other Continents. We had even engaged in two wars with European nations and in a number of undeclared wars in the West Indies, in the Mediterranean and in the Pacific for the maintenance of American rights and for the principles of peaceful commerce. In no case, however, had a serious threat been raised against our national safety or our independence.

What I seek to convey is the historic truth that the United States as a nation has at all times maintained opposition to any attempt to lock us in behind an ancient Chinese wall while the procession of civilization went past.

図表12-４　ルーズベルト大統領の「４つの自由」演説の原稿

　具体的には，国連や北大西洋条約機構（NATO），世界貿易機関（WTO），欧州連合（EU）など，安全保障体制から自由貿易体制，金融体制，開発援助体制に至るさまざまな国際的な制度や規範によって形成されています。第二次世界大戦後，近代史上最長に及ぶ大国間戦争の無い状況を生み出し，空前の平和と繁栄をもたらした一因との見方もあります。戦後日本もこのリベラル国際秩序の中で恩恵を受けた国の一つです。

（2）懐疑論

　しかし，近年，リベラル国際秩序そのものの正当性をめぐる疑念が，その牽引役たる欧米内部からも上がっています。具体的には次のような指摘です。

・第二次世界大戦後のリベラル国際秩序の形成は広島・長崎への原爆投下という大量殺戮を端緒としていた。
・国連安全保障理事会の常任理事国5か国のうち，中国とロシアは権威主義国家であり，イギリスとフランスは植民地帝国だった。
・アメリカは不当な拘留や監視，拷問，暗殺，クーデター，選挙介入，贈賄などによって，民主的に選出された政権の転覆や非民主的な政権の支援に関与してきた。
・アメリカは経済・金融制裁という暴力を正当化し，過剰行使している。
・アメリカは国際刑事裁判所（ICC）から脱退し，クラスター弾禁止条約（オスロ条約）や国連海洋法条約（UNCLOS），包括的核実験禁止条約（CTBT）なども批准していない。
・自由貿易を唱えるアメリカだが，自動車や半導体，鉄鋼などの輸入を規制する一方で，国内農家へ巨額の農業補助金を拠出するなど，実際に

は保護主義的だった。

・アメリカは中国の WTO 加盟を最恵国待遇で支援したが，経済成長を遂げた中国は民主化することなく，リベラル国際秩序への脅威となっている。冷戦終結後のロシアでアメリカが推進した急進的な市場経済導入策「ショック療法」は社会混乱を招き，反動的な権威主義の台頭を許す結果となった。

・貧困や人種差別など欧米社会そのものがどこまでリベラルな社会秩序を体現しているか疑わしい。

要するに「リベラル国際秩序」とは：

・アメリカの国益や覇権を正当化するための方便に過ぎず，目的や手段も必ずしもリベラルな価値を体現するものではなかった。

・アメリカのハードパワー（軍事力や経済力）を背景にした強制性の強い秩序であり，外部の世界にとっては脅威でもあった。

・アメリカ主導の秩序によって各国の利害が調整され，国際関係が安定したとの見方（いわゆる覇権安定論）は無邪気過ぎる。

・リベラル国際秩序が存在した事実は過去にも現在にも存在しない。幻想や願望を現実や必然と混同することは危険ですらある。

というわけです。

（3）擁護論

　もっとも，こうした批判に対しては次のような反論があります。

・アメリカ主導であったとしても，かつてのソ連，その前のファシズム

や植民地帝国による支配よりは遥かに良い。

・リベラル国際秩序の恩恵を受けた国や地域は多い。例えば，ヨーロッパはNATOやEUの創設によって，かつての国家間対立が緩和され，歴史上最も団結し，平和と繁栄の時代を享受している。

・グローバル化と相互依存が進んだ現代では，アメリカとて国際的な制度や規範から自由ではない。国益は国際益と不可分に結びついている。リベラル国際秩序がアメリカの国益や覇権を正当化するための方便との見方は一方的過ぎる。

・アメリカの個々の政策に問題があったとしても，法の支配や自由，人権などアメリカが目指す方向性そのものには広い支持がある。アメリカ主導のリベラル国際秩序は総じて正しかった。

　懐疑論と擁護論のどちらが正しいかは，論じる側の政治的立場によりますが，どちらか一方が正しいと言うよりは，より両義的な秩序と捉えることもできそうです。2001年の開戦から20年間で2兆ドル以上の戦費を支出し，米兵だけで約2500人が犠牲になったにもかかわらず，安定した民主国家を築くことも，タリバンを制圧することもできないまま撤退

図表12-5　アフガニスタン・カブールのアメリカ大使館の壁に描かれたタリバンによるイスラム教への信仰告白・シャハーダ（2021年9月25日）

を余儀なくされたアフガニスタン戦争などを見れば，より懐疑論が説得力を持ちそうです。その一方，2022年のロシアのウクライナ侵攻に際して，武器やインテリジェンス，人道支援など，（米兵派遣を除く）およそあらゆる支援をウクライナに対して行った姿勢などを見れば，より擁護論が説得力を持ちそうです。

3．リトレンチメント論

（1）対外介入への戸惑い

　リベラル国際秩序への懐疑論はアメリカ国内ではさまざまな立場から対外介入を抑制する論拠として表明されています。自国第一主義の立場からすると，アメリカが過剰な負担を背負ってきたとの不満があります。つまり，（同盟国を含む）他国や多国間枠組み，国際機関によってアメリカが不当に搾取されているとする被害者意識です。それを最も強力かつ大胆に体現したトランプ大統領は気候変動に関するパリ協定やイラン核合意，環太平洋経済連携（TPP）協定，国連教育科学文化機関（ユネスコ），国連人権理事会などから一方的に離脱しました。これらはトランプの個人的意向というよりは，世論の支持を見込んでの政治的判断であり，自国第一の世界認識に共鳴するアメリカ国民がそれなりの規模で存在することの証左と言えます。

　自国第一主義が共和党の右バネを強める一方で，民主社会主義は民主党の左バネを強めています。民主社会主義はミレニアル世代やその下のＺ世代を中心に支持を広げており，格差や人権，環境などをめぐる社会正義を重視しています。その根底には貧困や差別，環境破壊などの問題が互いに深く結びついており，新自由主義と共犯関係にあるとの認識があります。すなわち，新自由主義とは暴力＝略奪と抑圧と破壊の体系であり，民主社会主義こそが正義というわけです。具体的には，米軍の海

外軍事拠点を整理縮小し，国防費を削減する。雇用の海外委託を抑制し，国外に生産拠点を移転した企業に対する税制優遇措置を廃止するなどの主張を展開しています。移民政策や環境政策などは自国第一主義と正反対ですが，中国の貿易慣行や自由貿易に批判的な点や，米軍の負担縮小を指向する点など共通点も少なくありません。

　自国第一主義も民主社会主義もグローバリズムには批判的ですが，逆にグローバルなヒト・モノ・カネの流れに肯定的なのがリバタリアニズムです。しかし，リバタリアンは国家権力がとりわけ前面に出がちな外交・安保政策には警戒心が強く，アメリカの介入主義が反米感情を高め，アメリカの安全を損ねていると考えます。また，軍備増強や戦争が財政規律を乱すとともに，市民的自由を制限することも危惧しています。「リベラル国際秩序」の原則には賛同しつつも，アメリカが負の歴史を顧みず，前のめりの正義感や使命感に駆られ，他国の反発・抵抗を招けば，かえってアメリカの安全は脅かされるというわけです。

　このように「リベラル国際秩序」の牽引役だった民主・共和両党の主流派＝外交エリートへの異議申し立てが，そのお膝元であるアメリカ国内においても各方面から上がっています。内政のみならず，外交においても主流派受難の時代と言えそうです。

（2）クインジー研究所

　こうしたなか，近年，アメリカの対外介入や米軍の海外展開を整理縮小すべきというリトレンチメント（retrenchment）論が高まりを見せています。具体的には，アメリカにとって死活的な情勢が出現しない限り，米軍の前方展開を引き揚げ，地域諸国間の勢力均衡を促進する戦略を指します。同盟国への防衛義務の放棄や同盟関係そのものの解消を主張する極端な孤立主義を避けつつも，主流派＝外交エリートが超党派で

推進してきた積極的な関与・介入政策を退ける点が特徴です。強い軍事力を背景に，他国の体制転換をも厭わないタカ派（安保保守やネオコンなど）とは極めて対照的です。

　2019年にはワシントンにリトレンチメントの立場を明確に打ち出したシンクタンク「責任ある国家運営のためのクインジー研究所」（Quincy Institute for Responsible Statecraft）が創設されました。名称は第6代大統領ジョン・クインジー・アダムズ（第2代大統領ジョン・アダムズの息子）に由来します。アダムズは国務長官だった1821年の外交演説で「アメリカは怪物退治のために海外に行くことはしない」と抑制的な姿勢を打ち出し，その後のモンロー主義（非介入主義）を形作ったことで知られています。

　興味深いのは主な出資者がアメリカを代表する大富豪のジョージ・ソロスとチャールズ・コークの2氏である点です。ソロスは民主党の高額献金者で，新自由主義に批判的で，トービン税（金融取引税）の導入や富裕層への課税強化を支持するなど，民主社会主義との親和性も高い人物です。かたやコークは自らの財団を通してケイトー研究所などリバタ

図表12-6-1　ジョージ・ソロス
ニッコロ・カランティ，CC BY-SA 4.0〈https://creativecommons.org/licenses/by-sa/4.0〉, via Wikimedia Commons

図表12-6-2　チャールズ・コーク
ギャビン・ピーターズ，CC BY-SA 3.0〈https://creativecommons.org/licenses/by-sa/3.0〉, via Wikimedia Commons

リアン系の団体に幅広く支援を行う一方で,「大きな政府」に抗う
ティーパーティ（茶会）運動を資金面で支えるなど，共和党に多大な影
響を及ぼしてきました。二人ともユダヤ系ですが，政治信条は大きく異
なります。その両氏がアメリカの外交・安保政策のリトレンチメントと
いう点で共鳴した格好です。

(3) 民主主義のジレンマ

　対外介入への戸惑いはミドルクラスの縮小と無縁ではありません。哲
学者リチャード・ローティは1998年に発表した著書において，次のよう
に述べています。

　労働組合のメンバー，あるいは組合に入っていない低スキルの労働者
たちは，ある日気づく時が来るだろう。彼らの政府は賃上げをすること
もないし，雇用の海外流出を防ぐこともしないと。そして，郊外に住ん
でいる白人のミドルクラスたちは，彼らのために税金を負担しようとも
思わなくなると。その時，社会のシステムにヒビが入る。その裂け目で

図表12-7　リチャード・ローティ

如何なる事態が生じるのか。高給取りや官僚，ポストモダンのインテリといったエリートたちの思う通りには社会を運営させないというメッセージを発する指導者が突然現れ，労働者の怒りのはけ口として求心力を持つようになるだろう。その時，アメリカ社会は過去40年間の成果を失い，マイノリティや女性の権利などが一気に後退していく（*Achieving Our Country*，著者抄訳）。

　同書は「トランプ旋風」の予言の書として2016年の大統領選挙後，アメリカの論壇で話題になりました。国内で余裕を失った社会が対外関与に後ろ向きになることは想像に難くありません。国外に振り向けるリソースがあれば，国民の生活を支えるために用いるよう圧力が強まるからです。

　もともと民主主義は多くのジレンマを抱えています。権威主義に比べて政策が近視眼的で，意思決定も迅速さに欠けます。外交も国内世論に強く左右されます。軍事・安全保障問題は機密性が高く，透明性や説明責任を重んじる民主主義とは相性が悪い。市民間の格差を広げやすい市場経済と民主主義も然りです。アメリカの民主主義も例外ではなく，米国モデルの正当性は大きく揺らいでいます。ピュー・リサーチセンターが2021年春に16か国・地域で行った世論調査では，アメリカの民主主義を「他国が見習うべき良いモデル」と答えた割合は平均17%に留まる一方で，「かつては良いモデルだったが，近年はそうではない」との回答が57%を占めました。

　そればかりか，2021年12月にNPR（米公共ラジオ局）とIPSOS（マーケティングリサーチ会社）が行った世論調査では，64%のアメリカ人がアメリカの民主主義が「危機的状況にあり，破綻の危機にある」と答えています。翌年1月に米キニアピック大学が行った世論調査でも58%の

アメリカ人が同様の回答をしており，76%が国内の政情不安がアメリカにとって最大の脅威だとし，アメリカの敵対国を最大の脅威と回答したのは19%にすぎませんでした。

　かたや，アメリカ以外に目を向けると，現実の国際政治の舞台では，中国やロシアのみならず，イランやアフガニスタン，ミャンマーなども欧米的な制度や規範を否定しながら権威主義体制を強化し，イスラミックステート（IS）やアルカイダのような非国家の国際テロ組織も影響力を維持しています。少なくとも普遍的な理念としての自由主義が世界を結びつけている状況とは言い難い。むしろ自由で開放的な国際秩序の拡大を自明視できる楽観的な時代は去り，意識的に擁護しなければならないほど権威主義が権勢を振るいつつあります。

参考文献

青山直篤『デモクラシーの現在地』みすず書房，2022

アン・アプルボーム（三浦元博 訳）『権威主義の誘惑』白水社，2021

國枝すみれ『アメリカ分断の淵を行く』毎日新聞出版，2022

林志弦（澤田克己 訳）『犠牲者意識ナショナリズム』東洋経済新報社，2022

リチャード・ローティ（小澤照彦 訳）『新装版アメリカ　未完のプロジェクト』晃洋書房，2017

13 │ アメリカ社会の争点⑥ ：米中対立

《**目標＆ポイント**》 冷戦時代の米ソ対立と現在の米中対立の共通点と相違点に着目しながらアメリカの覇権の行方について検討する。
《**キーワード**》 中国問題，新冷戦，「民主主義対専制主義」

1．中国問題

（1）「唯一の競合国」

　アメリカにとって最大のライバル国が中国であることは多言を要しません。中国は陸軍主体の大陸国家から外洋海軍を有する海洋国家へと転換しつつあり，先端技術から宇宙開発まで，ほぼあらゆる分野でアメリカにとって「唯一の競合国」になりました。依然，総戦力では米軍が中国軍を凌駕しているものの，東アジアに配置されている通常戦力の物量ではむしろ中国軍が圧倒しているとされています。

　名目 GDP でも2030年代の半ばにもアメリカを逆転すると見込まれています。中国を最大の貿易相手国とする国々は120以上なのに対し，アメリカに関してはその半数強に留まっています。コロナ禍ではアフリカを中心に途上国へのマスク外交やワクチン外交を積極的に展開し，国際機関などでも影響力を高めています。

　もっとも，中国による途上国の鉄道や港湾など重要インフラの整備に向けた巨額の借款には「債務の罠」――返済不能になり施設や土地を中

国に明け渡さざるを得なくなる意図的策略——との懸念が指摘されています。また，こうした中国の地政学・地経学的な影響力拡大に加えて，中国国内における人権弾圧，相手を威嚇する攻撃的な外交姿勢，孔子学院（中国政府が出資し海外の大学などに設置している言語・文化教育機関）や国営メディアを通した喧伝活動などの，中国の振る舞いへの批判が高まっています。

（2）対中姿勢の転換

　リチャード・ニクソン大統領の電撃訪中（1972年）を契機に国交樹立を果たした1979年以来，アメリカは中国を「リベラル国際秩序」の中に取り込むべく「関与政策」を続けました。1989年の天安門事件後もジョージ・H・W・ブッシュ大統領は厳格な経済制裁を求める議会の声を抑え，関係改善の道を選びました。ビル・クリントン大統領も2000年，中国に対し恒久的に最恵国待遇を付与する法律を成立させ，翌年，ジョージ・W・ブッシュ大統領の就任後に中国が世界貿易機関（WTO）に加盟する道を開きました。そこには，中国が経済発展を遂げることでミドルクラスが育ち，民主化などの改革が進むこと，また，リベラル国

図表13-1　ニクソン大統領の電撃訪中（1972年2月）

際秩序から恩恵を受けることで中国がその良き担い手になることなどへの期待がありました。

　しかし，中国は2011年に日本を追い抜き世界第2位の経済大国になる一方，国家資本主義や不透明な貿易慣行を改めることなく，共産党の一党独裁体制下，市民的自由はむしろ狭まりました。加えて，軍事力や経済力を背景にリベラル国際秩序に抗う動きも強めました。

　すでにオバマ政権一期目の2010年頃から中国の海洋進出を巡る両国間の対立が顕在化し，習近平が共産党総書記に就いた2012年以降は改革開放路線の転換や巨大経済圏構想「一帯一路」に対する懸念が高まりました。オバマが労働組合や人権団体などを中心とする民主党左派の反対を押し切る形で環太平洋経済連携（TPP）協定を推進した背景には対中ヘッジとしての狙いもありました。しかし，その一方，気候変動に関するパリ協定締結を重視する立場から中国に歩み寄り，そのことが中国の勢力拡大を許したとの批判がアメリカ国内から上がりました。

　トランプ政権はオバマの対中政策を「弱腰」「宥和的」と一刀両断。アメリカ第一主義の立場から対中強硬路線へと舵を切り，「新冷戦」と

図表13-2　北京を訪れたトランプ大統領夫妻（習近平国家主席夫妻と，2017年11月）

も称される米中の覇権争いが鮮明になりました。その際，トランプは
TPP などの多国間枠組みや同盟関係への不信から，米中二国間による
取引型（ディール）外交を指向。結果的に，米中間で制裁関税の応酬が
エスカレートする「貿易戦争」の様相が濃くなりました。

　2018年秋にはマイク・ペンス副大統領が軍事から経済，政治，人権，
宗教までを網羅する包括的な中国批判の演説を行い，「過去の米政権は
中国の行動を見逃していたが，そのような日々は終わった」と言明し
た。さらに2020年夏にはマイク・ポンペオ国務長官が「習近平は破綻し
た全体主義のイデオロギーの真の信奉者だ」「私たちは両国間の根本的
な政治やイデオロギーの違いをもはや無視することはできない」などと
演説。米中対立をより根源的かつ妥協困難なイデオロギー対立と捉えた
うえで，アメリカの歴代政権が続けてきた関与政策を「失敗」と断じま
した。演説の場所が関与政策を始めたニクソンを記念する大統領図書館
だったことはいかにも示唆的でした。

**図表13-3　ニクソン大統領図書館で中国批判の演説を行う
　ポンペオ国務長官（2020年7月）**

（3）対中枠組み作り

　バイデン政権も対中強硬路線を継続しました。ただし，トランプ時代とは異なり，バイデン政権は同盟国との連携を重視。米英豪による新たな安全保障の枠組み「AUKUS（オーカス）」や米日豪印４か国の戦略対話の枠組み「QUAD（クアッド）」，民主主義国による貿易のルール作りの枠組み「IPEF」（インド太平洋経済枠組み）などの新構想を打ち出しました。加えて，対中関係を「対立」（人権，民主主義，安全保障など），「競争」（貿易，知財，先端技術など），「協力」（気候変動，感染症，核不拡散など）の３領域に分け，各領域内で取引する「個別管理」の手法を取りました。例えば，中国による人権侵害などを理由に北京冬季五輪（2022年）に政府の代表団を派遣しない「外交ボイコット」を表明したことは「対立」の領域に属します。かたや，中国は，例えば，「協力」の見返りに「対立」の緩和を求めるなど，領域をまたいだ取引も厭わない「包括管理」の手法を取っており，基本的な交渉の手法そのものが噛み合っていない状況が続いています。

2.「新冷戦」

（1）北京大学にて

　私は2017年秋，中国の北京大学に訪問学者（客員研究員）として滞在しました。その際，中国側からしばしば耳にした論調は次のようなものでした。

・民主主義は（資本主義下の企業のように）短期的な利益しか鑑みることができない。政治家や政党は次の選挙で勝つことしか眼中になく，有権者に迎合するばかりで，中長期的な国家戦略を打ち出すことができない。加えて，党派対立や党内対立のため，意思決定に多大な時間がかか

り，政策の施行も中途半端になりがちだ。

・中国共産党は（人権などの制約があるとしても）人口14億人もの大国を導き，50年，100年先の大局的な国家利益を追求することができる。意思決定も迅速で，政策実行力にも長けている。

・自由や人権を統治理念に掲げることは，経済的に余裕のある先進国なら可能かもしれないが，アジアや中東，中南米，とりわけアフリカの途上国などには手に余る。むしろ，多少荒削りで強引でも，アメリカモデルより中国モデルの方が多くの国々の現実に合致している。

・中国は国際的な覇権を目指していない。しかし，従来の国際秩序は欧米中心に作られたもので，民主的とは言えない。その歪みは是正する必要がある。

　このように自国への自信を深めている点が印象的でした。

　対立を深めるアメリカについては次のような批判を多く見聞しました。

・アメリカは中国の政治制度や共産党による統治を批判し，内政干渉を続けている。アメリカの対台湾政策がその好例だ。中国は自らの制度や規範を他国に押し付けることはしない。各国の主権は尊重されるべきだ。

・アメリカは非欧米的な制度や規範にも寛容であるべきだ。真のリベラル国際秩序はもっと懐が深いはずだ。中国共産党は国内の貧困解消などで成果を挙げており，国際社会にも大きく寄与している。

・アメリカの対中強硬姿勢は中国の台頭に対する焦りと自国の覇権衰退に対する危機感の表れだ。

・中国の南シナ海進出も19世紀末のアメリカのカリブ海進出と変わらない。香港や新疆ウイグル自治区における中国の対応はアメリカが先住民に行った同化政策に比べて極端なものではない。

・アメリカ内には根深い差別や格差，暴力が存在する。加えて，経済制裁などを通して他国民に甚大な被害を与えている。

　このように，中国に対するアメリカの批判をそのままアメリカに対して向ける論法が目立ちました。

（2）米ソ対立との違い

　しばしば「新冷戦」と称される今日の米中対立ですが，1940年代後半から1989年まで続いた米ソ冷戦とは幾つかの点で大きく異なります。

　まず，第一に，米中ともに経済大国であり，かつ経済的に相互に深く結びついている点です。トランプ時代に制裁関税の応酬が繰り広げられた両国ですが，最先端の半導体技術など経済安全保障の観点から機微に触れる製品を除き，依然，輸出入は活発な状態が続いています。経済交流が乏しかった米ソ冷戦時代とは対照的です。

　第二に，米ソ冷戦は基本的にはイデオロギー対立でした。それゆえソ連は世界各国に共産主義思想を輸出し，「革命」を支援しました。中国は「中国の特色ある社会主義」を擁護するものの，それを他国に広めることには積極的ではありません。中国の国益を脅かさない限り，相手の政治体制を問うことはしません。

　その一方，まさに中国が経済大国であるがゆえ，経済力を梃子に他国に影響を及ぼしています。地理的にも「東西」の境界線が明確だった米ソ冷戦時代に比べると，今日の米中対立はより入り組んでいます。

　第三に，米ソ冷戦時代には，核戦争の一歩手前まで緊張が高まった

キューバ危機（1962年）の教訓から，首脳間を結ぶ通信回線（ホットライン）など，両国間に衝突回避のためのメカニズムが作られました。加えて，1970年代になると，第1次戦略兵器制限条約（SALTⅠ）や弾道弾迎撃ミサイル（ABM）制限条約を調印するなど，軍事的緊張緩和のための具体的イニシアチブも設けられました。現在，米中間にこうしたメカニズムやイニシアチブはほとんど存在しません。

　とりわけ台湾をめぐる緊張は高まる一方にあります。2022年8月には下院のナンシー・ペロシ議長が台湾を訪れ，蔡英文総統と会談したことに中国が激しく反発。台湾周辺での大規模な軍事演習に踏み切り，中国軍の戦闘機などが「中間線」を越えて飛行することが常態化するようになりました。ロシアによるウクライナ侵攻と近い将来における中国による台湾侵攻を重ね合わせる向きも強く，バイデン政権は台湾への武器売却を加速しました。

図表13-4　台湾で蔡英文総統と会談するナンシー・ペロシ下院議長（2022年8月）
總統府，CC BY 2.0, via Wikimedia Commons

（3）歴史の教訓

　中国とアメリカの双方が相手を国際秩序の不安定要因と見なし対立を深める構図に「ツキディデスの罠」を懸念する声も聞かれるようになりました。古代ギリシャ時代のスパルタ（覇権国）とアテネ（新興国）の間で相互不信の連鎖が生じ，ペロポネソス戦争に至ったことに由来する仮説です。

　他に，自国の安全を確保するための行動が他国に類似の措置を促し，結果的に緊張をより高めてしまう「安全保障のジレンマ」や，強い指導国や覇権国の不在が世界規模での政治や経済の混乱を招くとする「キンドルバーガーの罠」など，米中対立に関しては歴史のアナロジー（類推）を用いた様々な警鐘が鳴らされるようになっています。

　米中両国でナショナリズムが高まり，ますます妥協の余地が狭まるなか，相手の意図や能力を読み間違える愚は避けねばなりません。そのためにも首脳会談をはじめ，意思疎通のチャンネルを張り巡らし，対立の解消そのものが容易ではないにせよ，少なくとも軍事衝突を回避し，対立を安定化できるかが問われています。

3. 「民主主義対専制主義」

（1）民主主義サミット

　2021年12月にバイデン政権は選挙公約にも掲げていた「民主主義サミット」を開催しました。コロナ禍の制約もあり，約110の国や地域の首脳がオンラインで参加し，専制主義（＝権威主義）からの防守や汚職との闘い，人権尊重の推進などを議論しました。トランプ時代のアメリカ第一主義から国際協調主義へと回帰し，アメリカ主導で再びリベラル国際秩序の維持・拡大を唱導しようとするバイデンの姿勢を評価する声がある一方，批判も少なくありませんでした。招待・非招待の基準が不

図表13-5　民主主義サミット（2021年12月）

明瞭だったこともあり，「招待・非招待の線引きが世界を二分する」「非招待国を中国やロシアに近付ける」などがその理由です。

　同サミットに合わせて中国政府は『中国的民主』と題する白書を公表し，中国が西洋の民主モデルをそのまま模倣するのではなく，質の高い「中国式民主」を創り上げたと主張しました。同時に，120以上の国や地域，20以上の国際機関から専門家などを招き，「民主：全人類共同の価値観フォーラム」を開催。民主主義が少数の国々の専売特許ではなく，他国が干渉できるものではないとアメリカへの対抗姿勢を露わにしました。

（2）ロシアのウクライナ侵攻

　民主主義サミットから約2か月後の2022年2月，ロシアは一方的にウクライナへの大規模な軍事侵攻を開始。明確な国連憲章違反と深刻な人道危機を引き起こしました。同年3月には人権問題を扱う国際機関・欧州評議会からの脱退を表明。世界の平和と安定により責任を負う国連安全保障理事会の常任理事国であるにもかかわらず，ロシアは核兵器の使用を示唆するなど，世界の安全保障秩序を脅かしました。

　もっとも，ウクライナ侵攻そのものは
2014年3月にウクライナ南部のクリミア半
島の武力併合を断行した段階から続いてい
るとの見方もあります。2013年，それまで
親ロシア的だったウクライナの政権が政変
によって崩壊し，親欧米路線が鮮明になっ
たことが併合の直接的な契機とされていま
す。

　ただ，ロシア側からすれば，欧米不信に
はより歴史的な背景もあります。例えば，
ロシア側は，東西ドイツ統一の際，アメリ
カはソ連（当時）に対して，統一ドイツを
NATO に加盟させる代わりに，東欧諸国
は加盟させないと約束したと主張していま
す。しかし，1994年にクリントン政権はロ
シアとの国境に向けた NATO の東方拡大

図表13-6　ロシアによる
ウクライナ侵攻に抗議す
るミネアポリス（米ミネ
ソタ州）にあるウクライ
ナ系アメリカ人のコミュ
ニティセンター入口の掲
示物（著者撮影，2022年
5月）

への支持を表明し，1999年にはポーランド，チェコ，ハンガリーの3か
国，2004年にはバルト3国（リトアニア，ラトビア，エストニア）も加
盟。アメリカとの協調を重視していたロシアのリベラル派は国内で信頼
を失い，反欧米ナショナリズムに訴えたウラジーミル・プーチン大統領
など保守派の訴求力を高める結果になりました。プーチンはユーラシア
経済連合（EAEU）や集団安全保障条約機構（CSTO）などを主導し，
一帯一路構想（BRI）を進める中国とは上海協力機構（SCO）を共同主
導するなど，欧米への対抗基盤の強化を図っています。

　また，プーチンは2019年，英フィナンシャル・タイムズ紙（6月27日
付）のインタビューで，欧米が推し進める移民・難民の受け入れや性の

多様化などについて「こうした（リベラルな）政策は社会問題や軋轢，混乱をもたらしかねない。自由が制限されることがあっても，安定や秩序を優先すべきだ」と批判しています。加えて，「リベラルな概念は時代遅れのものとなった。国民の大多数の利益と相反するものとなっている」「多くの人々にとって，伝統的な価値観はリベラルな価値観よりも安定的で重要なものになっている。リベラルな価値観は消滅しつつあると考えている」と主張。自由で公正な選挙や社会の実現を求める抗議集会や活動家，さらには欧米の市民社会組織（CSO）に対する規制を強化し続けています。

こうした背景のもと，2021年秋にはウクライナ国境付近に大規模な部隊や戦車，重火器を集結し，NATOに圧力を加えるとともに，ウクライナに対してミンスク合意（同国東部の親ロシア派の支配地域に特別自治権を与える手続きを定めた2015年の合意）の完全履行を求め，翌年2月に侵攻に踏み切りました。

ウクライナ侵攻開始直後の2022年3月に国連総会の緊急特別会合で採択されたロシア非難決議には欧米や日本など141か国が賛成しましたが，ベラルーシや北朝鮮など5か国は反対，中国やインド，イラン，南アフリカなど35か国は棄権しました。さらに同年4月に採択された国連人権理事会からのロシア追放決議に至っては，賛成は欧米を中心に93か国に減少。中国やロシア，北朝鮮など24か国が反対し，インドやブラジル，アラブ首長国連邦（UAE）など58か国は棄権。反対・棄権に無投票を合わせると賛成を上回りました。とりわけ「グローバルサウス」と称される新興国や途上国の反対が目立ちましたが，豊富なエネルギー資源や穀物生産量を有するロシアとの関係悪化を避ける狙いに加え，欧米が掲げるリベラル国際秩序に対する不信もそこには透けて見えました。

ウクライナ侵攻がどのような形で終結するのか現時点では見通しが立

ちません。仮に一時的な停戦が実現したとしても，ロシア側の認識が変化しない限り，欧米不信がくすぶりつづけ，別の形で発露する可能性は否定できません。

（3）郷愁（ノスタルジア）の政治

　プーチンは尊敬する人物として帝政ロシアの礎を築いたピョートル大帝を挙げ，習近平は「中華民族の偉大な復興という中国の夢」を掲げていますが，大国時代への郷愁は欧米でも見られます。

　例えば，旧東欧のハンガリーでは，冷戦終結後に「民主化の闘士」として改革派の若手を率いたオルバン・ビクトル首相が，2010年に実権を掌握して以来，憲法裁判所の権限縮小や教育の規制強化，難民排斥，反LGBT法制定など，強権的な振る舞いを繰り広げています。2014年にはジプシーと呼ばれ差別されてきたロマ人を前に「国民的（national）な価値観に基づく非リベラル（illiberal）な国家」の構築を目指すと演説。中国やロシア，トルコをその好例として挙げ，EU加盟国であるにもかかわらず，それらの国々との結びつきを深めています。

　オルバンはハンガリーを「非リベラルな民主主義」と称していますが，そのオルバンを国民は広く支持したのも事実です。欧米的な規範に囚われない過激な言動が「反エリート」「強い指導者」の証として国民的人気を博した格好です。その根底には，政治の民主化や経済の自由化の恩恵を享受できなかった層の怨恨や，西欧諸国から二級市民扱いされることへの屈辱，自国が繁栄していた時代への郷愁があります。同様の政治手法はトルコやインド，ブラジルなど近年，世界各地で散見されます。

　欧米の先進民主主義国とて例外ではありません。経済格差の拡大や移民・難民の増大などに対する人々の不満を背景に，イギリスやフランス，ドイツ，オーストリアなどでも右派ポピュリズムと結びついた権威

主義が台頭しています。何よりも，トランプが掲げた「アメリカを再び偉大にする」（Make America Great Again）や「アメリカ第一主義」などのスローガンは，まさにグローバリズムから国家の主権や尊厳を取り戻そうとする「郷愁の政治」に訴えるものでした。

　アメリカにとって直近の敵国がロシアであり，中長期的には最大のライバル国が中国だとしても，リベラル国際秩序を牽引してきたアメリカが向き合う課題はより深大で，かつアメリカ自身も無縁ではいられません。

参考文献

アン・アプルボーム（三浦元博　訳）『権威主義の誘惑』白水社，2021
黒川祐次『物語　ウクライナの歴史』中公新書，2002
佐橋亮『米中対立』中公新書，2021
松尾文夫『アメリカと中国』岩波書店，2017
松尾文夫『ニクソンのアメリカ』岩波現代文庫，2019

14 | アメリカと日本①
：対日イメージ

《**目標＆ポイント**》　アメリカから見た日本のイメージや位置付けの歴史的変遷について再訪する。

《**キーワード**》　日米和解，歴史認識問題，真珠湾攻撃，原爆投下

1．日米和解

（1）日本の「戦後」

　かつて占領国だったアメリカの人々は日本の「戦後」をどう見ているのでしょうか。私が見聞してきたことの最大公約数を端的に表現すれば，「戦中と戦後の日本は別もの」ということかと思われます。つまり，戦中は軍国主義で，前近代的で，封建的な社会だった。ところが，戦後は民主主義で，高度に近代的で，経済的繁栄を実現した社会，という認識です。

　この点と関連して，アメリカと日本は「和解」に成功した国，というイメージもあります。第二次世界大戦後の和解といえば，日本では独仏の関係が注目されがちですが，アメリカでは，パラオからフィリピン，硫黄島，沖縄に至るまで，あれほど激しく戦った日米両国が，今日見られるような関係の深化を遂げたことは誇らしいこと，との認識もあります。

　日本の一部には「実は和解でも何でもなかった，日本がただ一方的に

アメリカの『属国』になっていったにすぎない」といった反発もあるようです。しかし，あくまでもアメリカから見た場合，日本とは戦後の和解に成功した国というイメージは確かに存在します。

　日本文化に対する理解も大幅に改善しました。ハーバード大学教授や駐日大使を務めたエドウィン・ライシャワーなどアメリカを代表する知日派は，戦争直後には，「日本は野蛮な国ではない，日本には文化がある」といった初歩的なことからアメリカ国民に説明しなければなりませんでした。今はまったく異なります。自動車や家電は言うに及ばず，マンガ・アニメやゲーム，カラオケから寿司やラーメン，日本酒，それに村上春樹や村上隆，あるいは大谷翔平に至るまで，私が米留学していた1990年代と比べても，日本文化の受容は広範に進んでいます。かつて日本に対して抱かれていたエキゾチシズム，いわゆるオリエンタリズム（東洋に注がれる偏向した眼差し）の類も随分と薄まった印象を受けます。

　各種世論調査を見ても，親日度は総じて高い水準で推移しています。「アメリカにとって最も信頼できるパートナーは」という調査があると，大抵，日本は3位以内に入ります。

　このように，戦後の日本の歩みに関して，総じてアメリカ人はかなり好意的だということは，基本的な前提としてよいと思います。

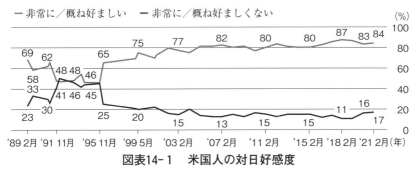

図表14-1　米国人の対日好感度

出典：https://news.gallup.com/opinion/gallup/347090/eve-summit-americans-view-japan-positively.aspx

（2）左派への警戒

　東西冷戦中，アメリカは，日本においては左派を警戒していました。アメリカ広報・文化交流局（USIS）のスタッフとして日本に勤務していたクリフ・フォースターは，次のように回顧しています。

　USIS が開設された1950年代の日本は，政治的に不安定な時代で，経済的にも苦闘し，左翼に支配された学生・労働者・教員の運動が盛んでした。大学のキャンパスを広く覆っていた反米感情は，メディアの多くが有していた左派的志向によって培われたものです。USIS の現地オフィサーとして，私たちは教育者，メディア，労働者，そして学生に接し，アメリカをより良く理解してもらうための環境を作り出そうとしました。そのために，アメリカ文化センターの図書館や個人的な人脈をフルに活用したのです。フルブライト交流計画や，日本の若きリーダーを選抜して訪米させたことで，アメリカの社会や文化に関する日本人の理解は新たなものになりました。最も効果があったのは，労働組合の穏健派の指導者たちを渡米させ，アメリカの組合関係者と引き合わせたことです。日本の USIS による組合向けのプログラムは深い影響をもたらし，左翼主導の組合を大きく転回させる結果となりました。同様の変化はメディアでも大学でも見られました。幾つかの大学はアメリカ研究を立ち上げ，メディアは日米関係について，より客観的な報道をするようになりました。予算削減のため，幾つかの USIS の

図表14-2　1960年安保闘争。国会を取り囲んだデモ隊（1960年 6 月18日）

センターの閉鎖を余儀なくされたときは，大学や県から強い抗議があり，知事が私たちの大使に陳情する場面もあったほどです（Cliff Forster, "The First USIS Decade in Japan," The United States Information Agency, The United States Office of General Counsel, 1999. p. 16, 筆者抄訳）。

　フォースターが言及している労働組合への働きかけなどについては，当時の対日文化政策の一つとして明文化されています。日本の共産主義化を防ぐためにハリー・トルーマン大統領が設置した心理戦略評議会（PSB）のもとで練られた「対日心理戦略計画」（PSB D-27，1953年1月）がそれで，ドワイト・アイゼンハワー政権発足後ほどなくして，国家安全保障委員会（NSC）が「日本に関する目標と方針」（NSC 125/6，1953年6月）として実施を承認しています。

　目標は「日本内部の中立主義，共産主義，反米主義を無力化すること」にあり，社会党の支持母体「総評（日本労働組合総評議会）」がその最大ターゲットとされていました。総評をはじめ，労働組合の穏健派の指導者たちがアメリカに招待され，総評事務局長に就任する直前の岩井章も1954年に渡米しています。労働組合以外にも，当時は，学生（特に全学連＝全日本学生自治会総連合），大学教師，ジャーナリスト，農民，婦人組織などがターゲットとして挙げられていました。

（3）左派から右派へ
　しかし，冷戦の終結から四半世紀が経ち，左派が政治的に後退するにつれ，アメリカが警戒するのは，むしろ右派へと変遷していきました。
　その理由は，主に2つあります。

　一つには，東京裁判や戦争責任の否定など，いわゆる右派の人たちの言説は，アメリカの正義あるいはアメリカ主導でこれまで構築してきた第二次世界大戦後のリベラルな世界秩序を否定しかねない，という懸念があります。戦争責任を受け入れるという，戦後日本が国際社会に復帰する際の基本的な合意に背くと映るからです。

　もう一つは，そうした姿勢が日米間の結束を弱め，結果的に中国やロシア，北朝鮮などの権威主義国家を利しかねないからです。たとえば，アメリカ議会調査局（CRS）が2015年1月13日に出した日米関係に関する報告書は，当時の（第二次）安倍晋三政権について「経済成長を積極的に加速しようとしてきた」と評価し，かつ集団的自衛権の行使を容認する憲法解釈を変更したことについては「防衛協力を発展させたいアメリカ当局者が大いに歓迎している」と記しています。しかし，その一方で，安倍首相を「ナショナリストとして知られる」と紹介し，靖国参拝などをめぐり「周辺国との関係を悪化させ，アメリカの国益を損なわせたかもしれない」との懸念を示しています。

2．歴史認識問題

（1）靖国参拝

　もっとも，靖国参拝に中国と韓国が反発をし始めたのは，A級戦犯の合祀から7年後の1985年，中曽根康弘首相の公式参拝以降のことで，このとき，アメリカは反発していません。

　アメリカが反発したのは2001年の小泉純一郎首相が参拝したとき以降です。アメリカは，かつては冷戦のリアリズムの観点から，首相の靖国参拝については目をつむっていました。しかし，世界経済の成長センターとして東アジアの重要性が増し，かつ中国や韓国の存在感が高まるなか，両国との関係強化を図らなければという，当時の地政学的ないし

　時代的な判断があったと思われます。小泉首相の参拝時には，アメリカ
の保守系，リベラル系，双方の新聞も批判的論調を展開しました。2006
年の終戦記念日に同首相が参拝した際は，下院のヘンリー・ハイド外交
委員長（共和党）に加えて，同委員会のトム・ラントス筆頭委員（民主
党）も「日本の歴史に関する健忘症の最もひどい例だ」「A級戦犯が合
祀された靖国神社への参拝は，ドイツのヒムラー（ナチスの親衛隊長
官）やヘス（ナチス副総統），ゲーリング（同元帥）の墓に花輪を手向
けるのに等しい」と強く批判しました。

　2013年には，オバマ政権のチャック・ヘーゲル国防長官とジョン・ケ
リー国務長官が来日中，あえて「千鳥ケ淵戦没者墓苑」に献花を行いア
メリカ側のメッセージを間接的に伝えましたが，年末には安倍首相が靖
国参拝を行いました。当時，在京のアメリカ大使館や国務省が「近隣諸
国との関係を悪化させる行動を取ったことに，米国政府は失望してい
る」と公的に失望の念を表明。アメリカ議会調査局は，翌年2月に出し
た日米関係に関する報告書のなかで，「首相がアメリカのアドバイスを
無視し，不意打ちで参拝した事実は，両政府間の信頼関係をある程度傷
つけた可能性がある」「特に日韓関係の冷え込みは北朝鮮や中国をめぐ

**図表14- 3　千鳥ケ淵戦没者墓苑で献花するチャック・ヘーゲル
国防長官とジョン・ケリー国務長官（2013年10月3日）**

る政策調整を妨げると米政府関係者は懸念を強めている」「首相の歴史観は第二次世界大戦でのアメリカの役割に関するアメリカ国民の理解と衝突する危険がある」と記しています。

　もっとも，靖国参拝に関しては，オバマ政権の対応を批判する声もアメリカの知日派の一部から上がりました。例えば，「安倍首相の平和や不戦の誓いの参拝説明を無視して，軍国主義とだけ結びつけ，参拝するなと命令するのは傲慢に過ぎる」「アジアの緊張の原因は靖国ではなく，中国の軍拡。アメリカは靖国参拝を黙認し，中国を抑え，安倍首相の同盟強化の実績を評価すべきだ」（ケビン・メア＝元沖縄総領事，元国務省日本部長），「アメリカ大統領がアーリントン墓地を訪れたとしても奴隷制やベトナム戦争を美化しているわけではない」「安倍首相はもっと頻繁に参拝すべきだ」（ケビン・ドーク＝ジョージタウン大学日本史教授），「オバマ政権の参拝批判は同盟国を傷つける」「オバマ政権の批判を覚悟のうえで，歴史問題ではもう中韓両国の意のままにならない姿勢を示したものだ」（マイケル・オースリン＝当時のアメリカン・エンタープライズ研究所日本部長），「オバマ政権は中韓両国にこそ失望を表明すべきだった」（ジェームズ・アワー＝元国防総省日本部長）などです。ただし，あくまで少数派で，アメリカの外交関係者における主流派を形成するには至りませんでした。

（2）米議会演説

　その一方で，日米同盟の機能的強化へ向けた取り組み――例えば，日本版NSC創設，米軍普天間基地移設早期推進，秘密保護法案，集団的自衛権の行使容認，環太平洋経済連携（TPP）協定交渉参加――などは，アメリカから高く評価されました。それゆえに2015年，日本の首相としては1961年の池田勇人首相以来，上下両院合同会議という形式では

初の，安倍首相の演説が承認されました。外国首脳の議会演説について
は，最終的には下院議長が決定しますが，その前提として上院やホワイ
トハウス，国務省といった関係部門との調整が必要となるので，民主
党，共和党を超えて，政策担当者たちは総じて歓迎ムードだったといえ
ます。

　これまで合同会議で演説した国の数で，例えば，イスラエルやイタリ
ア，アイルランドが多いのはユダヤ系やイタリア系，アイルランド系の
移民の政治的影響力が多い点が挙げられます。中国が皆無なのはやはり
共産主義の一党独裁国家である点が大きいといえます。1980年代以降，
韓国の大統領が頻繁に演説しているのは，韓国系の影響力が増している
こと，軍事独裁体制から民主化を遂げたこと，北朝鮮と対峙する同盟国
であり，米国内に大きな反対意見がないこと，そして大統領制のため任
期そのものが安定していることなどが挙げられます。

　かたや日本の場合，1960年代後半から約四半世紀は貿易摩擦があり，
日本への反発や不信が強かったといえます。加えて，90年代以降は首相
が頻繁に入れ替わるなど政治が不安定でした。また，真珠湾（パール
ハーバー）攻撃後，フランクリン・ルーズベルト大統領が対日宣戦布告
を行った場所ということもあり，退役軍人からの抵抗もありました。イ
ラク戦争への積極的支持を打ち出した小泉純一郎首相の訪米時に検討さ
れたこともあるが，靖国参拝したことに対する退役軍人や韓国系の反発
もあり実現することはありませんでした。また，日本側としても，そう
した反発によって戦争責任や歴史認識をめぐる問題がクローズアップす
ることは「寝た子を起こす」ものとして，演説を積極的に求めてこな
かった面があります。その意味で，日本側が演説を求め，アメリカ側が
それを受諾したことは，日米双方が強い意思を以て臨んだことの表れと
いえます。

　もっとも，そうした経緯ゆえ，演説のトーンや内容は概ね想定の範囲内でした。つまり，歴史認識については日米双方を刺激しない言い回しをしつつ「和解」を強調すること，日本が戦後，平和国家として歩んだことや民主主義国家として世界に貢献してきたことを示すこと，そして戦後のリベラルな国際秩序を守るべく日米同盟のさらなる深化を説くことなどです。「植民地支配」「侵略」「お詫び」といった文言はありませんでした。

3．真珠湾攻撃と原爆投下

（1）被爆地訪問

　安倍政権時代の2016年5月27日，オバマ大統領は現職のアメリカ大統領としては初めて被爆地・広島の平和記念公園を訪れ，献花。オバマ大統領，安倍首相の順でステートメントを行い，唯一の核兵器使用国と戦争被爆国の首脳により，「核なき世界」の実現に向けたメッセージを発出しました。

　71年前の明るく晴れわたった朝，空から死が降ってきて世界は一変しました。閃光（せんこう）と炎の壁によって町が破壊され，人類が自らを破滅させる手段を手にしたことがはっきりと示されました。

　私たちはなぜ，ここ広島を訪れるのでしょうか。それほど遠くない過去に解き放たれた，恐ろしい力についてじっくりと考えるためです。10万人を超える日本人の男女そして子どもたち，何千人もの朝鮮半島出身の人々，12人の米国人捕虜など，亡くなった方々を悼むためです。こうした犠牲者の魂は私たちに語りかけます。彼らは私たちに内省を求め，私たちが何者であるか，そして私たちがどのような人間になるかについて考えるよう促します。

　広島を特別な場所にしているのは，戦争という事実ではありません。古代の遺物を見れば，人類の誕生とともに暴力的な紛争も生まれたことが分かります。人類の初期の祖先たちは，火打ち石から刃物を，木からやりを作ることを覚え，こうした道具を狩猟だけでなく，人間を攻撃するためにも使いました。どの大陸においても，原因が穀物の不足か，金塊を求めてか，強い愛国心か，熱心な信仰心かにかかわらず，文明の歴史は戦争で満たされています。帝国は盛衰し，人々は隷属させられたり解放されたりしました。その節目節目で，罪のない人々が苦しみ，無数の人々が犠牲となりましたが，その名前は時間の経過とともに忘れ去られました。

　広島，長崎で残酷な終結を迎えたあの世界大戦は，世界で最も豊かで最も力を持つ国同士の戦いでした。これらの国々の文明により，世界は素晴らしい都市と見事な芸術を得ることができました。これらの国々から生まれた思想家たちは，正義と調和と真実の思想を唱道しました。しかし，この戦争を生んだのは，最も素朴な部族の間で紛争の原因となったものと同じ，支配したいという基本的な本能でした。古くから繰り返されてきたことが，新たな制約を受けることなく，新たな能力によって増幅されました。わずか数年の間に，およそ6000万人の人々が亡くなることになりました。子どもを含む，私たちと同じ人々が弾丸を浴び，殴られ，行進させられ，爆撃され，投獄され，飢え，ガス室に送られて死んでいったのです。

　世界には，この悲劇を記録する場所がたくさんあります。勇気と英雄的な行為の物語を伝える記念碑，言葉では言い表せない悪行を思い起こさせる墓地や誰もいない収容所などです。しかし，空に立ち上るキノコ雲の映像の中に，私たちは，人間が抱える根本的な矛盾を非常にはっきりと思い起こすことができます。すなわち，人間をひとつの種族として特徴付ける，まさにその火花，つまり私たちの思想，想像力，言語，道具を作る能力，人間を自然から引き離し，自分の思いどおりに自然を変える能力が，比類ない破壊をもたらす力を私たちに与えたのです。

　物質的進歩や社会的革新によって，この真実が見えなくなることはどれほどあるでしょうか。より大きな大義の名の下に，暴力を正当化する術を身に付けることは非常に容易です。全ての偉大な宗教は，愛と平和と正義に至る道を約束します。しかし，いかなる宗教にも，信仰を殺人の許可と考える信者がいます。国家というものは，自らを犠牲にして協力し，素晴らしい偉業を成し遂げるために人々を団結させる物語を語って生まれます。しかし，その同じ物語が，自分たちと異なる人々を弾圧し，人間性を奪うために何度も使われてきました。

　科学によって人間は，海を越えて通信し，雲の上を飛び，病を治し，宇宙を理解することができるようになりました。しかし，こうした同じ発見を，これまで以上に効率的な殺人マシンに転用することもできます。

　現代の戦争はこの真実を教えてくれます。広島はこの真実を教えてくれます。人間社会に同等の進歩がないまま技術が進歩すれば，私たちは破滅するでしょう。原子の分裂を可能にした科学の革命には，倫理的な革命も必要なのです。

　だからこそ私たちは，この場所を訪れるのです。この町の中心に立ち，勇気を奮い起こして原爆が投下された瞬間を想像してみるのです。目にしている光景に当惑した子どもたちの恐怖を感じてみるのです。声なき叫び声に耳を傾けるのです。私たちは，あの恐ろしい戦争，それ以前に起きた戦争，そしてこれから起こるであろう戦争の犠牲になった罪のない人々のことを忘れてはいません。

　単なる言葉では，このような苦しみを伝えることはできません。しかし私たちは歴史を真っ向から見据え，このような苦しみが二度と起きないようにするために，どのように行動を変えればいいのかを考える責任を共有しています。いつの日か，証人としての被爆者の声を聞くことがかなわなくなる日が来ます。けれども1945年 8 月 6 日の朝の記憶が薄れることが

あってはなりません。この記憶のおかげで，私たちは現状を変えなければならないという気持ちになり，私たちの倫理的想像力に火がつくのです。そして私たちは変わることができるのです。

　あの運命の日以降，私たちは希望に向かう選択をしてきました。日米両国は同盟を結んだだけでなく友情も育み，戦争を通じて得るものよりはるかに大きなものを国民のために勝ち取りました。欧州諸国は，戦場の代わりに，通商と民主主義の絆を通した連合を築きました。抑圧された人々や国々は解放を勝ち取りました。国際社会は，戦争の回避や，核兵器の制限，縮小，最終的には廃絶につながる機関や条約をつくりました。

　しかし，国家間の全ての侵略行為や，今日世界で目の当たりにする全てのテロ，腐敗，残虐行為，抑圧は，私たちの仕事に終わりがないことを物語っています。人間が悪を行う能力をなくすことはできないかもしれません。ですから私たちがつくり上げる国家や同盟は，自らを防衛する手段を持つ必要があります。しかし私自身の国と同様，核を保有する国々は，恐怖の論理から逃れ，核兵器のない世界を追求する勇気を持たなければなりません。

　私が生きている間に，この目標を実現することはできないかもしれません。しかし粘り強い努力によって，大惨事が起きる可能性を低くすることができます。保有する核の根絶につながる道を示すことができます。核の拡散を止め，大きな破壊力を持つ物質が狂信者の手に渡らないようにすることができます。

　しかし，これだけでは不十分です。なぜなら今日世界を見渡せば，粗雑なライフルやたる爆弾さえも，恐ろしいほど大きな規模での暴力を可能にするからです。戦争自体に対する私たちの考え方も変えるべきです。そして外交を通じて紛争を回避し，始まった紛争を終結させるために努力すべきです。相互依存の高まりを，暴力的な争いではなく平和的な協力を生む

ものであると理解し，それぞれの国を破壊能力ではなく，構築する能力に
よって定義すべきです。

　とりわけ，私たちは人類の一員としての相互の結び付きについて再考す
べきです。これも人類を他の種と区別する要素だからです。私たちは，遺
伝子コードによって，過去の過ちを繰り返すよう定められているわけでは
ありません。私たちは学ぶことができます。選択することができます。子
どもたちに異なる物語，つまり共通の人間性を伝える物語であり，戦争の
可能性を低下させ，残虐行為を受け入れ難くするような物語を話すことが
できます。

　私たちは，こうした物語を被爆者の方々に見てとることができます。原
爆を投下したパイロットを許した女性がいます。本当に憎んでいたのは戦
争そのものであることに気づいたからです。この地で命を落とした米国人
の遺族を探し出した男性がいます。彼らが失ったものは自分が失ったもの
と同じだと信じたからです。私の国の物語は簡潔な言葉で始まりました。
「万人は平等に創られ，また生命，自由および幸福追求を含む不可譲の権
利を，創造主から与えられている」というものです。こうした理想を実現
することは，国内においても，自国の市民の間でも決して容易ではありま
せん。

　しかし，この理想に忠実であろうと取り組む価値はあります。これは実
現に向けて努力すべき理想であり，この理想は大陸や大洋を越えます。全
ての人が持つ，減じることのできない価値。いかなる命も貴重だという主
張。私たちは，人類というひとつの家族の一員であるという基本的で必要
な概念。これこそ私たちが皆，語らなければならない物語です。

　だからこそ，人は広島を訪れるのです。そして大切に思う人々のことを
思い浮かべます。朝一番に見せる子どもの笑顔。食卓でそっと触れる伴侶
の手の優しさ。ホッとさせてくれる親の抱擁。こうしたことを考えると

き，私たちはこの同じ貴重な瞬間が71年前，ここにもあったことを知ることができます。犠牲となった方々は，私たちと同じです。普通の人々にはこれが分かるでしょう。彼らはこれ以上戦争を望んでいません。科学の感嘆すべき力を，人の命を奪うのではなく，生活を向上させるために使ってほしいと思っています。

国家が選択を行うとき，指導者が行う選択がこの分かりやすい良識を反映するものであるとき，広島の教訓が生かされることになります。

この地で世界は永遠に変わりました。しかし，今日この町に住む子どもたちは平和な中で一日を過ごします。なんと素晴らしいことでしょう。これは守る価値があることであり，全ての子どもに与える価値があることです。こうした未来を私たちは選ぶことができます。そしてその未来において，広島と長崎は，核戦争の夜明けではなく，私たち自身が倫理的に目覚めることの始まりとして知られるようになるでしょう。

図表14-4　オバマ大統領の広島での演説（翻訳は在日アメリカ大使館のHPを参照）

図表14-5　広島の平和記念公園を訪れるオバマ大統領と安倍総理（2016年5月28日）

被爆地訪問を懸念する声もありました。アメリカの退役軍人を刺激する，日本の帝国主義支配から解放された中国や韓国が反発を強める，日米関係がせっかくうまくいっているのに，わざわざ「寝た子を起こす」必要はない，などです。

　アメリカにとって真珠湾攻撃や原爆投下は，「戦中」の日本の象徴であり，「自由社会の盟主」というアイデンティティの根幹に関わる重大事です。1990年代半ば，原爆投下50周年にあわせて米スミソニアン航空宇宙博物館が原爆投下機であるB29「エノラ・ゲイ」の展示を計画しました。すると，アメリカの在郷軍人会などが猛反発し，当初予定していた原爆の被害や歴史的背景の説明が大幅に縮小・削除・変更されました。「原爆投下は正義だったか否か」の論争が巻き起こり，当時の館長が辞任する騒動になりました（現在，エノラ・ゲイはワシントン・ダレス国際空港近くの別館に展示されていますが，原爆被害や歴史的背景に踏み込んだ説明文はありません）。

　やがて，世代交代が進み，元戦争捕虜やその家族の中でさえ多様な意見を表明できる雰囲気になっていきます。2004年にはハワード・ベーカー駐日米国大使が広島を訪問，2008年にはナンシー・ペロシ米下院議

図表14-6　エノラ・ゲイの展示（スミソニアン航空宇宙博物館別館）

長がＧ８下院議長会議出席のため広島を訪問しました。その返答として，河野洋平衆議院議長が真珠湾のアリゾナ記念館を訪れています。

　ちなみに，安倍首相の訪米前の2015年４月７日に公表された米ピュー・リサーチセンターの世論調査によると，第二次世界大戦に対する日本の謝罪は「十分」と答えたアメリカ人が37％，「不要」が24％で，「不十分」と回答した人は29％でした。同様の質問で，ドイツの謝罪は「十分」または「不要」と答えたアメリカ人は合わせて54％，「不十分」は37％で，日本はドイツよりも十分に謝罪しているとの認識を持っている人が上回りました。「不十分」との回答はいずれも高齢者層に顕著でした。原爆投下については「正当化できる」と回答したアメリカ人が56％で，「正当化できない」の34％を上回りました。「正当化できる」と答えた人は高齢者層，白人，男性，共和党支持者に顕著でした（ちなみに日本人に対して行った調査では，「正当化できる」は14％，「正当化できない」が79％でした）。原爆投下を正当としたアメリカ人は65歳以上では70％に上りましたが，18〜29歳では47％で世代差が明らかになりました。米ギャラップ社による原爆投下直後の1945年の調査ではアメリカ人の85％，デトロイト・フリープレス紙の1991年の調査では63％が投下を正当としていました。時代とともに歴史認識も変化しています。

　アメリカの高校歴史教科書でも，日本の軍国主義については「日本の腹切りギャンブル」（Japan's hara-kiri gamble）や「日本の狂信者たち」（Japan's fanatics）などの強い表現が用いられる一方，原爆投下については，「原子のホロコースト」（atomic holocaust）だとする表現，その背後に人種差別があった，日本はすでに降伏寸前で使用は不要だった，日本を屈服させるよりもソ連を威嚇することが目的だった，といった歴史家の見解も紹介されるなど，多様な見方を併記する記述へと変化が見られるようになっています。

（2）真珠湾訪問

　オバマ大統領の広島訪問から約7か月後の2016年12月27日，安倍首相は同大統領とともに真珠湾の追悼施設「アリゾナ記念館」を訪れ，犠牲者を慰霊するとともに，2国間の結束を示す演説を行いました。現職の内閣総理大臣としての真珠湾訪問は1951年の吉田茂，1956年の鳩山一郎，1957年の岸信介に次ぐ4人目ですが，アリゾナ記念館で慰霊を行ったのは安倍首相が戦後初となりました。

　オバマ大統領，ハリス司令官，ご列席の皆さま，そして，すべての，アメリカ国民の皆さま。パールハーバー真珠湾に，いま私は日本国総理大臣として立っています。

　耳を澄ますと，寄せては返す，波の音が聞こえてきます。降り注ぐ陽の，やわらかな光に照らされた，青い静かな入り江。私のうしろ，海の上の白いアリゾナ・メモリアル。あの慰霊の場を，オバマ大統領とともに訪れました。そこは私に沈黙をうながす場所でした。亡くなった軍人たちの名がしるされています。

　祖国を守る崇高な任務のため，カリフォルニア，ミシガン，ニューヨーク，テキサス，さまざまな地から来て，乗り組んでいた兵士たちが，あの日，爆撃が戦艦アリゾナを2つに切り裂いたとき，紅蓮の炎の中で死んでいった。

　75年がたったいまも，海底に横たわるアリゾナには，数知れぬ兵士たちが眠っています。耳を澄まして心を研ぎ澄ますと，風と波の音とともに，兵士たちの声が聞こえてきます。

　あの日，日曜の朝の明るくくつろいだ，弾む会話の声。自分の未来を，そして夢を語り合う，若い兵士たちの声。最後の瞬間，愛する人の名を叫ぶ声。生まれてくる子の幸せを祈る声。

１人，ひとりの兵士に，その身を案じる母がいて，父がいた。愛する妻や恋人がいた。成長を楽しみにしている子どもたちがいたでしょう。それら，すべての思いが断たれてしまった。その厳粛な事実を思うとき，かみしめるとき，私は言葉を失います。

そのみ霊よ，安らかなれ――。思いを込め，私は日本国民を代表して，兵士たちが眠る海に花を投じました。

オバマ大統領，アメリカ国民の皆さん，世界のさまざまな国の皆さん。私は日本国総理大臣として，この地で命を落とした人々のみ霊に，ここから始まった戦いが奪ったすべての勇者たちの命に，戦争の犠牲となった数知れぬ無辜の民の魂に，永劫の哀悼の誠をささげます。

戦争の惨禍は二度と繰り返してはならない。私たちは，そう誓いました。そして戦後，自由で民主的な国を創り上げ，法の支配を重んじ，ひたすら不戦の誓いを貫いてまいりました。

戦後70年間に及ぶ平和国家としての歩みに，私たち日本人は，静かな誇りを感じながら，この不動の方針をこれからも貫いてまいります。この場で，戦艦アリゾナに眠る兵士たちに，アメリカ国民の皆さまに，世界の人々に，固いその決意を日本国総理大臣として表明いたします。

昨日，私はカネオへの海兵隊基地に，１人の日本帝国海軍士官の碑を訪れました。その人物とは，真珠湾攻撃中に被弾し，母艦に帰るのをあきらめ，引き返し戦死した，戦闘機パイロット，飯田房太中佐です。彼の墜落地点に碑を建てたのは，日本人ではありません。攻撃を受けていた側にいた，米軍の人々です。死者の勇気をたたえ，石碑を建ててくれた。

碑には祖国のため命をささげた軍人への敬意を込め，「日本帝国海軍大尉」と，当時の階級を刻んであります。

The brave respect the brave.

「勇者は，勇者を敬う」

アンブローズ・ビアスの詩は言います。戦い合った敵であっても，敬意を表する。憎しみ合った敵であっても，理解しようとする。そこにあるのは，アメリカ国民の寛容の心です。

戦争が終わり，日本が見渡す限りの焼け野原，貧しさのどん底の中で苦しんでいた時，食べるもの，着るものを惜しみなく送ってくれたのは，米国であり，アメリカ国民でありました。皆さんが送ってくれたセーターで，ミルクで，日本人は未来へと命をつなぐことができました。

そして米国は，日本が戦後再び，国際社会へと復帰する道を開いてくれた。米国のリーダーシップの下，自由世界の一員として，私たちは平和と繁栄を享受することができました。

敵として熾烈に戦った，私たち日本人に差しのべられた，こうした皆さんの善意と支援の手，その大いなる寛容の心は，祖父たち，母たちの胸に深く刻まれています。私たちも覚えています。子や孫たちも語り継ぎ，決して忘れることはないでしょう。

オバマ大統領とともに訪れた，ワシントンのリンカーン・メモリアル。その壁に刻まれた言葉が私の心に去来します。

「誰に対しても，悪意を抱かず，慈悲の心で向き合う」。

「永続する平和を，われわれすべてのあいだに打ち立て，大切に守る任務をやりとげる」。

エイブラハム・リンカーン大統領の言葉です。私は日本国民を代表し，米国が，世界が，日本に示してくれた寛容に，改めてここに，心からの感謝を申し上げます。

あの「パールハーバー」から75年。歴史に残る激しい戦争を戦った日本と米国は，歴史にまれな，深く強く結ばれた同盟国となりました。それは，いままでにもまして，世界を覆う幾多の困難に，ともに立ち向かう同盟です。明日を拓く，「希望の同盟」です。

私たちを結びつけたものは，寛容の心がもたらした，the power of reconciliation,「和解の力」です。私がここパールハーバーで，オバマ大統領とともに，世界の人々に対して訴えたいもの。それは，この和解の力です。

戦争の惨禍は，いまだ世界から消えない。憎悪が憎悪を招く連鎖は，なくなろうとしない。寛容の心，和解の力を，世界はいま，いまこそ必要としています。憎悪を消し去り，共通の価値のもと，友情と信頼を育てた日米は，いま，いまこそ寛容の大切さと，和解の力を世界に向かって訴え続けていく任務を帯びています。日本と米国の同盟は，だからこそ「希望の同盟」なのです。

私たちを見守ってくれている入り江は，どこまでも静かです。パールハーバー。真珠の輝きに満ちた，この美しい入り江こそ，寛容と，そして和解の象徴である。

私たち日本人の子どもたち，そしてオバマ大統領，皆さんアメリカ人の子どもたちが，またその子どもたち孫たちが，そして世界中の人々が，パールハーバーを和解の象徴として記憶し続けてくれることを私は願います。

そのための努力を，私たちはこれからも惜しみなく続けていく。オバマ大統領とともに，ここに，固く誓います。ありがとうございました。

図表14-7　安倍総理の真珠湾での演説（日本経済新聞より）

　被爆地訪問や真珠湾訪問は日米間に横たわっていた歴史認識における
もっともデリケートなテーマでしたが，戦後約70年の歳月を経て，両国
はそれを可能にするまでの歩み寄りを見せるまでに至りました。自国内
の世論を踏まえると，両首脳が演説の中で「謝罪」を明示的に述べるこ
とは困難と言わざるを得ません。しかし，戦時中，激しく戦った相手同
士が，しかも独仏間に比べると文化的背景が異なり，地理的にも遠く離
れた日米両国による和解のプロセスは画期的ともいえます。広島ではオ
バマ大統領が被爆者を，真珠湾では安倍首相が攻撃を生き延びたアメリ
カの退役軍人を，それぞれ抱擁する場面がありました。また，安倍首相

**図表14-8　アリゾナ記念館を訪れる安倍総理とオバマ大統領
（2016年12月27日）**

図表14-9　被爆者を抱擁するオバマ大統領

U. S. Embassy Tokyo from Japan, CC BY 2. 0 〈https://creativecommons.
org/licenses/by/2.0〉，ウィキメディア・コモンズ経由で

**図表14-10　安倍総理の米議会演説の傍聴席で握手する新藤議員と
スノーデン名誉会長（2015年4月29日）**
新藤義孝公式ウェブサイトより

のアメリカ議会演説の際には，ローレンス・スノーデン米国硫黄島協会
名誉会長（米海兵隊退役中将）と新藤義孝衆議院議員が議会傍聴席で相
席し，握手する場面もありました。新藤議員の祖父は硫黄島の戦いで日
本軍を率いた栗林忠道陸軍大将で，スノーデン名誉会長は海兵隊大尉と
して戦闘に参加していました。

　日米間には沖縄の在日米軍基地をめぐる問題など難しい課題もありま
すが，戦後の人的交流の拡大や安全保障環境をめぐる変化のなか，各種
世論調査でも，日米双方の親近感や信頼度はおおむね高い水準で推移し
続けています。

参考文献

五百旗頭真　編『日米関係史』有斐閣，2008
松田武『自発的隷従の日米関係史』岩波書店，2022
千々和泰明『大使たちの戦後日米関係』ミネルヴァ書房，2012
黒崎輝『核兵器と日米関係』有志舎，2006
ロバート・エルドリッヂ『沖縄問題の起源』名古屋大学出版会，2003

15 │ アメリカと日本②
　　：日米関係の変遷

《**目標＆ポイント**》　日米関係の変遷を振り返りつつ，変わりゆくアメリカを変わりゆく日本からどう捉えてゆくべきか考察する。
《**キーワード**》　日系アメリカ人，占領，冷戦，イコール・パートナーシップ

1．日系アメリカ人

（1）多様な「日系」コミュニティ

　日米間の歴史を考える際に忘れてはならないのは日系アメリカ人の存在です。日系の歴史は19世紀末のハワイや米西海岸への移民に遡ります。現在，世代的には三世から五世が中心で，他のエスニック（民族）集団との混淆も進んでいます。「日系」というよりは「アジア系」としてのアイデンティティのほうが強い者も多く，どちらかの親や祖父母が白人や黒人，ヒスパニック系の場合などは，単に「アメリカ人」と自己認識している者も少なくありません。

　居住地も全米に拡散しており，ロサンゼルスの「リトルトーキョー」などを除き，日本町が風化する傾向にあります。店の名前は日本風でも，経営者や従業員は日系とは無関係というケースはごく普通に存在します。

　加えて，日系内部にもさまざまな差異があります。まず，1941年の真珠湾攻撃後の強制収容の経験の有無があります。アメリカ本土，とりわ

図表15-1　強制収容されるロサンゼルスの日系人（1942年 4 月）

け西海岸の戦中世代では強制収容を命じたフランクリン・ルーズベルト大統領が民主党だったことから共和党支持者が少なくなかったのに対し，公民権運動の影響を受けた戦後世代では民主党支持者が主流です。その一方，日系の人口割合が多かったこともあり強制収容が限定的だったハワイ（当時はアメリカ領。「州」になったのは1959年）では，世代を超えて民主党支持者が多い傾向にあります。

　1965年の改正移民法施行以降，あるいは日本の高度成長期以降の移民の場合，そうした戦時中の記憶を共有しておらず，「新日系」と称されることもあります。とりわけ1980年代の日本のバブル経済期以降に移り住んだ者の場合は，古くからの日系とはほとんど別のコミュニティに属し，接点に乏しい者も少なくありません。

（2）「棄民」と「敵性外国人」のはざまで

　日本との関係も複雑です。もともと強制収容の契機となった真珠湾攻撃は日本が行ったわけで，日系は不条理な災難に巻き込まれたわけです。加えて，当時すでにアメリカの市民権を有していた日系はアメリカ国内では「敵性外国人」と見なされました。高度成長期には日本からア

メリカへ資本進出が盛んになりましたが，「日本つながり」ということ
で，しばしば日本町がその対象となりました。日系にとってそれまで生
活コミュニティだった日本町は商業タウン化し，郊外への拡散を余儀な
くされました。

　日本も日系には冷たかったと言わざるを得ません。日本の古い世代の
一部には日系を「棄民」扱いする風潮がありました。日本の企業も日系
人を雇うことには消極的で，むしろ白人社会に目を向ける傾向がありま
した。

　その一方，アメリカでは第二次世界大戦中の日系人の強制収容に対す
る反省が進みました。ロナルド・レーガン大統領は「1988年市民の自由
法」（日系アメリカ人補償法）に署名し，アメリカ政府として初めて公
式に謝罪。1人あたり2万ドルの補償金を支払いました。2001年には連
邦議会議事堂のすぐそばに全米日系アメリカ人記念碑が建てられ，碑の
下にある池のふちにはレーガン大統領が述べた「われわれは過ちを認め
る。国として法の下では平等であることを断言する」という言葉が刻ま
れています。2015年2月には，真珠湾の近くにあるホノウリウリ収容所

図表15-2　「1988年市民の自由法」に署名するレーガン大統領
　　（1988年8月）

図表15-3-1　ダニエル・イノウエ

図表15-3-2　ノーマン・ミネタ

跡を国定史跡に指定するとオバマ大統領が発表しました。「我々が過去に犯した間違いを繰り返さないようにするため」というのがその意図でした。

　日系は各界で活躍していますが，中央政界では連邦上院議員（ハワイ州選出）を半世紀近く務め，上院仮議長（大統領継承順位第3位）にまで登り詰めたダニエル・イノウエ（1924-2012年）や，連邦下院議員（カリフォルニア州選出）や商務長官，運輸長官を歴任したノーマン・ミネタ（1931-2022年）などが広く知られています。両氏とも日米の架け橋として尽力し，ミネタは2001年の同時多発テロの直後，イスラム系住民への差別的言動が広まらないよう啓発活動を展開した日系コミュニティの中心的存在でした。

（3）あくまで「アメリカ人」

　日本と韓国の間に横たわる懸案事項の一つにいわゆる「慰安婦問題」があります。日本では，アメリカの日系コミュニティが韓国系のように結束し，祖国・日本の立場を擁護してくれることを期待する向きもあるようです。しかし，実際は必ずしもそうした状況にはなっていません。

図表15-4　　行進する陸軍442連隊（1944年，フランス）

　その理由は，上述したような歴史的経緯もありますが，最も重要なの
は，日系アメリカ人のアイデンティティは「日本人」ではなく，あくま
で「アメリカ人」であるという点です。アメリカへの忠誠を証明すべ
く，第二次世界大戦ではヨーロッパ戦線に自ら志願した日系二世を中心
に編成された「陸軍442連隊」の勇敢な活躍は有名です。「日本つなが
り」ゆえに，以心伝心のごとく，自動的に日本の肩を持ってくれるとい
うのは甘い期待と言わざるを得ません。戦時中の日本は非難されて然る
べきという意識は広く共有されています。

　また，移民国家のアメリカでは，それぞれの移民が背負ってきた過去
を尊重し，受け入れる風土が存在します。そうしたなか，例えば，日本
が政府として慰安婦記念碑や記念像の撤去を求めたりすれば，アメリカ
がとりわけ敏感な「多様性」や「言論の自由」への挑戦と受け止められ
る可能性もあります。

　慰安婦記念碑や記念像設置の問題については，アメリカ国内でもカウ
ンター・ディスコース（対抗言説）が存在します。例えば，日系の元兵
士は「なぜ韓国系の碑だけ認めるのか。われわれ日系はアメリカのため

に戦ったのに」と異議を申し立てました。また，ワシントンポスト紙などの主要紙でも「学校で教える歴史は人口構成比ではなく，歴史家の最良の判断に委ねよう」「日韓の問題をなぜ米国に持ち込まねばならないのか」といった社説が掲載されています。

このように日系コミュニティにも多様性があり，さまざまな立場や考えがあります。日米関係を考える糸口として，日本からアメリカに渡った先人やその末裔について知ることは有意義なことです。

ちなみに，2020年の国勢調査によると，"Japanese"（「日本にルーツを持つ人」）は約150万人で，アメリカの総人口（約3億3144万人）の約0.45％となっています。これは日系人や永住者，長期滞在者（駐在員や留学生）などを含んだ数字で，うち約43万人が在留邦人届を提出している日本国籍保持者となっています。海外在留邦人の合計が約135万人なので，3人に1人はアメリカに住んでいることになります。在米日本人の数は1997年からの約四半世紀で約1.5倍に増加しており，その約半数が永住者となっています。

2. 占領と冷戦

（1）円滑に進んだ占領政策

日米間の歴史を考える際に避けては通れないのは，アメリカが戦勝国として日本を占領した事実です。非対称的な関係性ゆえ，心理的な葛藤や屈折，喪失感，劣等感を伴いましたが，アメリカの占領政策は，総じて，平和的かつ友好的に進められました。歴史家・五百旗頭真はその点をこう表しています。「敗れた敵に

図表15-5　東京・日比谷に開設された米民間情報局（CIE）の図書館

寛大に手を差し伸べることは，人間性の面でも，政治的英知の点から
も，賞賛さるべき事績である。日本占領は，マーシャル・プランととも
に，アメリカの充実期における最良の事績の一つとみなされ続けるであ
ろう」（山崎正和・高坂正堯監修『日米の昭和』，TBS ブリタニカ，1990
年，82頁）。

　占領政策が総じて円滑に進み，かつ，日本人の多くがそれを進んで受
け入れた理由について，アメリカ史家・猿谷要は，次のように述べてい
ます。「農地の解放，財閥の解体，女性の参政権，平和憲法の制定，ど
れも日本人だけではそのとき実現することは不可能だったろう。進駐軍
として日本に入ってきたアメリカ人のなかには，本国でも実現していな
いような理想案を，この日本でやってみようと志したリベラルな人物が
いたようだ。（略）このような大変化がなければ，日本人はあれほどア
メリカが好きになっただろうか。（略）日本人のこの大変化は，もとも
とアメリカの大衆文化が好きだったことと無関係ではないだろう。（略）
戦争のため「鬼畜米英」として抑圧されていたものの，実は目に見えな
い地下水となって生き続けていたのだ。だからこそ戦争が終わって禁が
解かれると，その地下水はたちまち地上に噴き出し，あっという間に日
本を蔽ってしまったのだろう」（猿谷要『アメリカよ，美しく年をとれ』，
岩波新書，2006年，22〜23頁）。

　開戦までに蓄積されていた民間交流の歴史，アメリカ大衆文化への憧
憬と受容の歴史，明治の自由民権運動や大正デモクラシーの歴史といっ
たものが，戦後日本におけるアメリカ受容を平易にし，かつアメリカに
よる日本の占領と復興に安定性を与えました。連合国軍総司令部（GHQ）
のダグラス・マッカーサー元帥宛に謝意を伝える手紙が日本全国から50
万通以上届き，1951年4月，同氏が離日する当日，早朝にも関わらず，
羽田空港への沿道を，星条旗と日の丸の小旗をもった20万人以上の市民

図表15- 6　離任し羽田空港へ向かうマッカーサー元帥を
見送る市民（1951年 4 月16日）

が，ぎっしり埋め尽くしました（もっとも，帰国後，マッカーサーはア
メリカ上院軍事外交合同委員会で日本人を「12歳の少年」に喩える証言
を行い，多くの日本人の落胆を招いてしまいます）。戦後は英会話から
映画，音楽，服装，食事，家具，住居，恋愛，家族関係に至るまで，
「アメリカン・ウェイ・オブ・ライフ」（アメリカ式生活様式）は「豊か
さ」と戦後の「解放感」の象徴となりました。

（2）「共産主義に対する防壁」

　一方，戦後は東西冷戦の現実が重く垂れ込めます。「日本は共産主義
に対する防壁」とケネス・クレイボーン・ロイヤル陸軍長官が演説した
のは1948年ですが，中国の共産化やソ連の核実験成功などを受け，アメ
リカの対日政策においても，共産主義との闘いが優先されるようになり
ました。こうした文脈のなかで，戦犯グループの釈放，公職追放者の処
分解除，レッドパージ，警察予備隊の創設など，いわゆる「逆コース」
への政策転換が図られたことは周知の通りです。1951年 9 月 8 日に締結
されたサンフランシスコ講和条約により日本に対する占領政策が終結

し，日本の主権回復が認められましたが，同時に日米安全保障条約（旧安保）も交わされました。このとき，沖縄は日本から切り離され，1972年の本土復帰まで米軍の統治下に置かれることになります。

　この条約は米軍が日本に駐留する法的根拠となり，在日米軍は「占領軍」から「駐留軍」へと変わりました。しかし，アメリカによる保護協定的な色彩が強かったことから，日本国内の保守派を中心に，1960年にはより対等な関係を求める改訂が行われました。アメリカとの軍事同盟の深化を危惧する左派は激しい反対運動（安保闘争）を各地で繰り広げました。この「新安保」をさらに10年後の1970年に再改定したものが今日の日米安保条約になっています。本土復帰前の沖縄が国会に代表を送ることのないまま，日本の国土の0.6％足らずの沖縄に米軍施設の74％が集中することになりました。

（3）「ジャパン・バッシング」

　しかし，その後，ベトナム戦争（1955〜75年）によるアメリカの疲弊と日本の高度経済成長という非対称的な構図は，国際舞台における日本の積極的参加や，日米間のイコール・パートナーシップを求める傾向に拍車をかけました。1978年の日米防衛協力指針（ガイドライン）締結後，日米の防衛協力が制度化されたものの，日本では国内的制約から大幅な防衛力増強は困難な状況にありました。このことが日米間の防衛摩擦を増幅し，経済摩擦と結びついてしまう事態を回避すべく，中曽根康弘首相は，防衛政策に積極姿勢を示しました。日米首脳同士がファースト・ネームで呼び合うのは，日米関係史上初めてのことであり，日米間のイコール・パートナーシップを印象づけるものでした。その一方，米紙との会見で日本列島を「不沈空母」に見立てる発言を行ったことが国会で波紋を広げました。

　今日では「日米同盟」という表現は一般的に用いられていますが，日本の公式文書で「同盟関係」という表現が用いられたのは中曽根首相の前任，鈴木善幸首相とレーガン大統領の1981年5月の日米首脳会談後の共同声明が初めてでした。しかも，その時でさえ，同盟とはあくまで自由や民主主義，自由市場など共通の価値を指すものであり，首相自ら「軍事的意味合いは持っていない」と念押しする必要がありました（「軍事関係」であると述べた伊東正義外相は閣内不一致の責任を問われ辞職に追い込まれました）。

　1980年代後半から日米の経済力が逆転現象を見せ，1989年にはアメリカの繁栄の象徴ともいえるニューヨークのロックフェラーセンターを日本企業が買収しました。アメリカでは「日本ただ乗り」論が広まり，日本の価値・規範・制度の異質性を強調するリヴィジョニスト（修正主義者）が台頭し，「ジャパン・バッシング」（日本叩き）が激しくなりました。

　「冷戦で勝ったのは日本だ」という批判がアメリカから聞こえてくるなか，日本経済は1990年前後にバブル経済の頂点を迎えます。1991年には湾岸戦争が勃発し，アメリカを中心とする多国籍軍がイラク軍に圧倒的な勝利を収めますが，国内的制約から経済支援に留まった日本の「小切手外交」に対してアメリカは一段と不満を募らせます。かたや日本ではアメリカの「ガイアツ（外圧）」に対する反発が高まりました。『現代用語の基礎知識』に「嫌米」という語が登場したのは1992年のことです。

　経済摩擦や防衛摩擦が高まるなか，日米間のイコール・パートナーシップのありかたをめぐる錯綜は続きました。1992年にはブッシュ（父）大統領がアメリカの三大自動車会社のトップを引き連れて来日し，輸入枠拡大を宮澤喜一首相に求めるも拒まれました。

3．イコール・パートナーシップ

（1）「ジャパン・パッシング」

　しかし，日本経済のバブル崩壊が顕著になった1993年頃から，逆に，アメリカ経済は急速な回復傾向に転じます。対日貿易赤字は残りましたが，アメリカ経済を揺さぶるような規模ではなくなります。そして，経済摩擦が沈静化すると，アメリカの対日関心も，通商問題から安全保障問題へとシフトしていきました。1995年に起きたアメリカ海兵隊員による沖縄の少女暴行事件の翌年，日米両政府は普天間基地の全面返還に合意しますが，その代替地に名護市辺野古が指定された経緯をめぐり，今日に至るまで混迷が続いています。

　冷戦終結後のアジア戦略の見直しを進めるアメリカは，1996年から日米安保体制の再定義を日本に呼びかけ，日本は新ガイドライン関連三法案（1999年）を成立させる形で，それに応えました。同案は，「日本有事」を想定していたそれまでの日米安保の対象を「極東有事」にまで適

図表15-7　普天間飛行場

用することを可能にした点において，日米同盟の拡大を象徴するもので
した。しかし，この拡大を「イコール・パートナーシップ」の深化と見
なすべきか，それとも，アメリカへのさらなる従属と見なすべきかをめ
ぐっては，それまで総じて親米的であった日本の保守派の間でも意見が
分かれました。

　また，日本脅威論や日本異質論が後景に退いたアメリカとは対照的
に，「失われた10年」の真っただ中にあった日本では，「アメリカ一極構
造」への戸惑いや不安，苛立ちが増していました。そして，冷戦後の
「新世界秩序」における唯一絶対の覇者はアメリカであり，「国際化」や
「グローバル化」とはつまるところ「アメリカ化」の暗喩にすぎないと
の言説が，経済摩擦や防衛摩擦を通して強まっていた嫌米感情をさらに
根深いものにしていきました。嫌米感情は知米派の間にも広がり，保守
派の間にさえ亀裂を生じさせました。

　とりわけ，1998年のクリントン大統領の訪中の際，米中関係を「戦略
的パートナーシップ」と称える一方，（長年の外交慣例に反して）同盟
国である日本に立ち寄らなかったことは，「ジャパン・パッシング」（日
本抜き）ないし「ジャパン・ナッシング」（日本無視）といったレト
リックとともに，対米不信を増幅させる結果となりました。日本では，
アジアへの関心が急速に高まり，アメリカの位相は相対化され，「東ア
ジア共同体」論に象徴されるような，地域協力の単位としての「東アジ
ア」が誕生したのもこの頃でした。

（2）アンビバレントな感情

　その後，国際テロや北朝鮮の核ミサイル開発，中国の軍事的台頭とい
う脅威を前に，集団的自衛権行使や憲法改正をめぐる議論も本格化する
ようになりました。日米同盟こそは誇るべき日本の戦略的資産であり，

アメリカの肩を借りながら対応するのが望ましいのではないか。もしも対米協調を惜しむことがあれば，今後，日本はアメリカに見捨てられるのではないか。いや，日本がアメリカの世界戦略（特に軍事戦略）のなかに巻き込まれるのではないか。日米同盟とは日本の自主・自立を阻害する政治的負債なのではないか。保守とリベラルの間のみならず，それぞれの内部においてさえも意見が二分しました。とりわけ，保守内部においてその傾向が顕著で，2003年には「反米保守」と「親米保守」の対立が『日本の論点』（文藝春秋）の一つに挙げられました。

　このように，日本国内ではアメリカに対するアンビバレント（両義的）な感情がつねに存在してきました。「ジャパン・バッシング」と「ジャパン・パッシング」への反発。「巻き込まれること」と「見捨てられること」への恐怖。「反米」と「親米」。「排米」と「拝米」等。いずれも超大国アメリカと対峙するがゆえのジレンマであり，アメリカとの距離感が日本のアイデンティティ（自己理解，自画像）に大きな影響を与えてきたと言っても過言ではありません。

（3）「反米」と「親米」を超えて

　「世界の警察官」というのは，第二次世界大戦後，とりわけ冷戦終結後にアメリカが自ら進んで引き受けた役割です。しかし，今日の国際社会では新興国や途上国が次々に台頭し，とりわけ中国が大国としての存在感を強めています。こうした状況は，歴代のアメリカ大統領が遭遇したことのないものです。さらに言えば，国民国家を超えた，多国籍企業や市民社会組織（CSO）などがかつてないほど影響力を行使するようになっています。オバマ大統領もトランプ大統領も「アメリカはもはや世界の警察官ではない」と述べています。

　その一方，国境を超えたヒト・モノ・カネの動きが常態化する今日，

気候変動，感染症，テロ，防災，エネルギー，貧困国支援，知的財産権といった課題が，世界秩序の安定と直接的かつグローバルにリンクするようになっています。加えて，近年は権威主義的な勢力が台頭する半面，民主主義の後退現象も見られます。

こうした状況の中，法の支配や民主主義，自由市場などを重んじる「リベラル国際秩序」をこれまでのようにアメリカ主導で牽引してゆくことは難しくなっています。今，求められているのは，アメリカが「世界の警察官」だった時代への郷愁に囚われることなく，日本がリベラル国際秩序の維持・発展のために何ができるかです。何か起きるとすぐにアメリカに期待する，あるいはすぐにアメリカを批判するメンタリティからの転換が求められています。その意味では，いわゆる「反米」も「親米」も等しく時代錯誤と言えるのかもしれません。

参考文献

東栄一郎（飯野正子ほか 訳）『日系アメリカ移民　二つの帝国のはざまで』明石書店，2014

遠藤泰生 編『反米』東京大学出版会，2021

岡本行夫『危機の外交』新潮社，2022

千々和泰明『戦後日本の安全保障』中公新書，2022

山本章子・宮城裕也『日米地位協定の現場を行く』岩波新書，2022

索引 ▎

●配列は50音順です。また，＊は人名を表します。なお，この索引は単語を機械的に網羅するものではなく，内容面に踏み込んで構成しています。挙げられている頁数以外にも言葉は出現していますので留意してください。

著者紹介

渡辺　靖（わたなべ・やすし）

【経歴】
1967年　北海道札幌市に生まれる
1990年　上智大学外国語学部卒業
1997年　ハーバード大学大学院博士号（Ph.D. 社会人類学）
　　　　オクスフォード大学ならびにケンブリッジ大学にて客員研究員
1999年　慶應義塾大学SFC（環境情報学部）助教授
2005年　同教授（現在に至る）
　　　　この間，ハーバード大学国際問題研究所アソシエート，ケンブリッジ大学フェロー，パリ政治学院客員教授，北京大学訪問研究員，欧州大学院大学客員研究員，米ウィルソンセンター・ジャパン・スカラーほか歴任

【専門】
現代米国論，広報文化外交（パブリック・ディプロマシー）論

【著作】
『アメリカとは何か　自画像と世界観をめぐる相剋』（岩波新書，2022）
『白人ナショナリズム　アメリカを揺るがす「文化的反動」』（中公新書，2020）
『リバタリアニズム　アメリカを揺るがす自由至上主義』（中公新書，2019）
『＜文化＞を捉え直す　カルチュラル・セキュリティの発想』（岩波新書，2015）
『沈まぬアメリカ　拡散するソフト・パワーとその真価』（新潮社，2015）
『文化と外交　パブリック・ディプロマシーの時代』（中公新書，2011）
『アメリカン・センター　アメリカの国際文化戦略』（岩波書店，2008）
『アメリカン・コミュニティ　国家と個人が交差する場所』（新潮社，2007）
『アフター・アメリカ　ボストニアンの軌跡と＜文化の政治学＞』（慶應義塾大学出版会，2004）
Handbook of Cultural Security, Edward Elgar Publishing, 2018（編著）
Soft Power Superpowers : Cultural and National Assets of Japan and the United States, M. E. Sharpe, 2008（共編著）
The American Family : Across the Class Divide, University of Michigan Press, 2005
ほか多数

放送大学教材　1539590-1-2411（テレビ）

現代アメリカの政治と社会

発　行　2024 年 3 月 20 日　第 1 刷
著　者　渡辺　靖
発行所　一般財団法人　放送大学教育振興会
　　　　〒105-0001　東京都港区虎ノ門 1-14-1　郵政福祉琴平ビル
　　　　電話　03（3502）2750

市販用は放送大学教材と同じ内容です。定価はカバーに表示してあります。
落丁本・乱丁本はお取り替えいたします。

Printed in Japan　ISBN978-4-595-32471-0　C1331